教育部人文社会科学研究规划基金项目，项目编号：17YJAZH134

“互联网+”劳动关系的认定及规制路径研究

周子凡　著

武汉理工大学出版社
·武　汉·

内容简介

本书以“互联网＋”劳动关系的认定及规制路径为主题，对平台用工的兴起原因及用工特点进行分析，回顾了我国劳动用工的市场化历史进程，并对当前平台用工的多元化、“去劳动化”等劳动关系的无序现状进行了探讨，总结了平台用工的现实困境及法律规制困境，并对当前存在的主要问题提出对策建议。

本书检视“互联网＋”时代我国劳动立法的不足及司法实践的尴尬，尝试搭建劳动关系认定框架、扩容劳动关系范围、重构劳动关系判定标准、完善工伤保险制度等，以期为相关部门提供参考依据。

图书在版编目（CIP）数据

“互联网＋”劳动关系的认定及规制路径研究/周子凡著．—武汉：武汉理工大学出版社，2021.5

ISBN 978-7-5629-6333-2

Ⅰ.①互…　Ⅱ.①周…　Ⅲ.①互联网络-应用-劳动关系-研究-中国　Ⅳ.①F249.26-39

中国版本图书馆 CIP 数据核字（2020）第 196409 号

项目负责人：李兰英　　**责任编辑**：李兰英
责任校对：陈海军　　**排　　版**：翰之林
出版发行：武汉理工大学出版社　　**邮　　编**：430070
网　　址：http://www.wutp.com.cn　　**经　　销**：各地新华书店
印　　刷：武汉乐生印刷有限公司　　**开　　本**：710mm×1000mm　1/16
印　　张：7　　**字　　数**：106 千字
版　　次：2021 年 5 月第 1 版　　**印　　次**：2021 年 5 月第 1 次印刷
定　　价：68.00 元

前　言

“互联网＋”使传统“单位＋劳动者”模式演变为“平台＋网约工”模式，一键式服务灵活便捷，极大地解放了生产力。生产力的革新势必引发生产关系的嬗变，作为生产关系重要组成部分的劳动关系也随之发生了翻天覆地的变化：企业组织虚拟化、从业人员数码化、就业场所虚拟化、工作时间弹性化、管理手段虚拟化、集体组织虚无化。

“互联网＋”成就了平台用工，但与此同时，也催生了新的问题：网络服务平台运营方与网约工关系难以定性，平台用工难以在法律框架下合理规制，劳动主体身份“成谜”、劳资关系模糊、劳动用工无序、劳动维权无法律依据等。劳动关系事关经济发展与社会安定，党和国家对其历来高度重视，党的十八大明确提出构建和谐劳动关系。《中共中央 国务院关于构建和谐劳动关系的意见》进一步强调最大限度增加劳动关系和谐因素。因此，当前厘清、规制“互联网＋”劳动关系，完善劳动法律，规范平台劳动用工，值得深入研究。

本书以平台劳动用工关系的认定及规制路径为研究对象，具体研究内容如下：

(1) 平台用工。对平台经济的演化及相关功能进行分析，对平台用工的诞生、兴起原因及平台用工呈现出来的特点进行总结。

(2) 平台用工关系。回顾我国劳动用工行政化、市场化的演变历程，对当前平台用工的多元化、“去劳动化”现状及成因进行剖析，对平台用工劳动关系的司法审判实践进行总结。

(3) 平台用工现实困境。对平台用工混乱无序的现状进行详细介绍,对标准劳动关系、劳务派遣关系、非全日制用工关系、众包用工关系、居间(《中华人民共和国民法典》现已改为中介)关系、雇佣关系、劳务关系、承揽关系、假外包真派遣关系等进行分析和对比;对用户评价机制进行分析,对评价制度设计粗略、片面、主观、惩罚过度等问题进行批评;对平台用工社会保障严重缺位问题进行深度思考,对工伤保险与劳动关系相捆绑的立法设计深表遗憾。

(4) 平台用工法律规制困境。对我国平台用工劳动立法的滞后深表忧虑,对《关于确立劳动关系有关事项的通知》《中华人民共和国电子商务法》,以及网约车新规和各地出台的有关劳动人事意见等所涉及的平台用工法律关系定位问题进行剖析;对劳动关系判定标准进行具体评价,对劳动关系等相关概念界定不明、"劳动三从属性"标准难以适用于平台用工等突出问题进行详细分析;对平台处罚权法律依据不明问题进行阐释,对其中所涉及的实体及程序问题进行分析。

(5) 平台用工法律规制路径。针对当前平台用工中所出现的突出问题,本书提出一些解决对策,即强化国家对平台的监管、扩容劳动关系范围、重构劳动关系判定标准、制定行业标准、完善工伤保险。

鉴于平台用工情况复杂多变,并且作者水平有限,理论功底及实践经验均存在不足,书中难免存在纰漏,恳请读者朋友提出宝贵意见和建议。

周子凡

2021 年 2 月

目　　录

第一章　平台用工

一、平台经济概述

（一）平台经济的形成

互联网平台的发展大致可分为三个阶段：电商平台、行业平台、平台经济。在初级阶段，平台业务较为单一：搜索类平台，如百度（2000）；媒体类平台（提供各类新闻资讯），如新浪；社交类平台（提供网上交流和联系），如微信、QQ；网络支付平台（对网络交易双方起着支付担保作用），如支付宝（2004）、微信支付等；网络购物平台，如1998年兴起的京东、2003年兴起的淘宝等。但随着网络消费者消费黏性逐渐固化，一些平台开始利用“接入权”扩大辐射范围，向其他领域渗透并拓展业务。利用接入权开疆拓土的成功例子很多，比如，2010年创办的美团网，美团起初只做中介业务，比如，美团外卖、美团卖电影票等。后来，美团以“吃”为起点，围绕“吃”衍生出其他业务，并将新业务触角延伸至生活服务的各个细分市场。再如微信，起初只是社交平台，后来，平台逐渐搭建生态系统，连接所有的人和资讯、服务。正如马化腾所说：“只要能在移动互联网垂直细分领域找到用户痛点，创业就能成功。”

接入权是平台发展的关键所在，它使平台迅速“开枝散叶”，并逐渐形成平台经济。平台经营者作为网络虚拟市场的搭建者，不仅打破了时空界限，将企业从线下搬到线上，而且利用连接功能进行大规模跨界经营，比如跨领域、跨区域、跨国界、跨行业等运营。平台拥有接入权，在对向谁开放方面具有决定权。平台是个超大的连接器，利用算法精准撮合交易、精准配置资源，这的确让以往其他企业无法企及。平台“重构产业链”，成为各类服务的“接入口”。技术驱动的互联网平台是双边市场中的连接者、匹配者和市场设计者，是未来经济社会中关键的资源配置与组织方式。邱宝昌认为：“平台发展日新月异，过去平台还可以类型化，如最初是信息平台（新浪、搜狐等），后来发展出交易平台（京东、淘宝等），还有社交平台（微信、陌陌等）。这种发展逐渐呈现出你中有我、我中有你的融合趋势，在交易平台上也可以社交，在社交平台也可以买卖。”随着“互联网＋”向社会各个领域逐渐渗透，平台越来越成为人们生活中不可或缺的一部分，依托网络平台兴起的一种新型的商业模式即平台经济迅速崛起，成为当前经济发展的重要引擎。

平台经济在实践中的迅速发展，引起了理论界的极大关注。贺宏朝在中国首次提出“平台经济”概念。徐晋、张祥建在双边市场理论的基础上，研究了国内外大量文献，提出“平台经济学”理论。① 学者们总结平台发展历程，即“网络平台由广告信息平台发展到网上销售平台，又发展到生产要素组织平台（即利用网络平台组织生产要素以产出产品和服务）”，“随着平台进入产业领域越来越丰富，其对产业和产业组织变革的影响力越来越大，平台逐步由一种商业现象发展为一种经济形态”②。

我国政府对平台经济的发展极为关注。2018 年，“发展平台经济”首次写入《政府工作报告》（全称为《2018 年国务院政府工作报告》）。该报告指出“发展平台经济、共享经济，形成线上线下结合、产学研用协同、大中小企业融合的创新创业格局，打造‘双创’升级版”。

① 徐晋，张祥建．平台经济学初探[J]．中国工业经济，2006(5)：40-47.

② 陈禹，杨培芳，姜奇平，等．互联网时代的经济学革命[J]．财经问题研究，2018(5)：3-20.

各地政府积极响应中央号召,随后出台了一系列促进产品经济发展的文件,如上海市在2014年发布的《关于上海加快推动平台经济发展的指导意见》,湖北省和江苏省也在2015年发布了"关于加快互联网平台经济发展的指导意见"等。采用平台模式运营的企业越来越多,平台经济正在重构人们工作、社交、价值创造和分配方式,我国已进入平台经济时代。

(二) 平台的主要功能

平台经济迅速发展,日益成为助推中国经济发展的新动能,平台的主要功能如下:

1. 保障诚信

"天下熙熙皆为利来,天下攘攘皆为利往。"在市场交易中,资金往来是否安全是人们关注的焦点。在传统实体店,人们买个油盐酱醋,买卖双方面对面交易,买卖双方实际存在,交易的产品看得见摸得着,交易所使用的现金能"眼见为实"。但是,随着网络交易的逐渐流行,隐藏在网络背后的交易变得虚无缥缈起来。买卖双方不曾谋面,人们对产品的认识仅限于图片或视频,无法辨别真假。是否继续交易?支付后如何追偿?面对诚信难以保证的交易,人们只能望而却步。为消除交易双方的顾虑,保障双方利益,网络平台作为中立的第三方顺势而生,他们承担起以下担保责任:

(1) 保障主体安全。核实卖方主体资格,并为其担保。平台在商家入驻时会对相应的市场主体进行核实,是谁、在哪等一并登记在册。2019年1月起实施的《中华人民共和国电子商务法》(以下简称《电子商务法》)对平台的创办者,即搭起这个虚拟交易市场的主体进行了界定,"电子商务平台经营者,是指在电子商务中为交易双方或者多方提供网络经营场所、交易撮合、信息发布等服务,供交易双方或者多方独立开展交易活动的法人或者非法人组织"。对平台内从事经营活动的市场主体进行了规定,即"平台内经营者,是指通过电子商务平台销售商品或者提供服务的电子商务经营者”。同时,为了查清市场交易主体是谁,该法规定,电子商务平台经营者负有对平台内经营者进行资格审查的义务,即核实其身份,并进行登记备案。另外,该法还规定,市场主体应实地办理营业执照,并向平台提交“身份、地址、联系方式、行政许可等真实信息”,平台将对其进行“核验、登记,建立登记档案,并定期核验更新”。在资格审查基础之上,平台还对经营者进行担保,使每一笔交易都有保障。为保障消费者利益,《中华人民共和国消费者权益保护法》还对平台的失职行为规定了相应的处罚措施,即“网络交易平台提供者不能提供销售者或者服务者的真实名称、地址和有效联系方式的,消费者也可以向网络交易平台提供者要求赔偿;网络交易平台提供者作出更有利于消费者的承诺的,应当履行承诺。网络交易平台提供者赔偿后,有权向销售者或者服务者追偿”。《电子商务法》也同时规定,“对关系消费者生命健康的商品或者服务”,平台经营者若对“平台内经营者的资质资格未尽到审核义务,或者对消费者未尽到安全保障义务,造成消费者损害的”,平台要承担相应的责任。平台经营者“知道或者应当知道”“平台内经营者销售的商品或者提供的服务不符合保障人身、财产安全的要求,或者有其他侵害消费者合法权益行为,未采取必要措施的,依法与该平台内经营者承担连带责任”。由此可见,法律通过“连带责任”制设计,通过对平台的审查、担保、担责等法律规定,预防诚信缺失,最大限度地保障网络交易的安全和交易秩序,为交易的顺利进行扫清了障碍。

(2) 保障支付安全。平台经营者保障网上支付安全,主要体现在四个方面:

① 对网络自身的安全问题,《电子商务法》规定“电子商务平台经营者应当采取技术措施和其他必要措施保证其网络安全、稳定运行,防范网络违法犯罪活动,有效应对网络安全事件,保障电子商务交易安全”。

② 对支付安全问题,《电子商务法》还规定平台应承担适当的赔

偿责任。该法第54条规定:“电子支付服务提供者提供电子支付服务不符合国家有关支付安全管理要求,造成用户损失的,应当承担赔偿责任。”第56条规定了平台的信息通知提醒义务,即“电子支付服务提供者完成电子支付后,应当及时准确地向用户提供符合约定方式的确认支付的信息”。第57条规定了平台的及时止损义务,即“未经授权的支付造成的损失,由电子支付服务提供者承担;电子支付服务提供者能够证明未经授权的支付是因用户的过错造成的,不承担责任。电子支付服务提供者发现支付指令未经授权,或者收到用户支付指令未经授权的通知时,应当立即采取措施防止损失扩大。电子支付服务提供者未及时采取措施导致损失扩大的,对损失扩大部分承担责任。”比如,支付宝作为中立的第三方机构,在货款安全及买卖双方利益保障方面能够起到担保作用,确保买方无后顾之忧。根据程序,买家在确定购物后,往往先将货款汇到支付宝,待支付宝确认收款后,再通知卖家发货,在买家收货并确认满意后,支付宝再将款项打给卖家,至此,交易才最终完成。

③ 对商品或服务的监管问题,法律规定电子商务平台经营者发现平台内的商品或者服务信息违法,可采取必要的处置措施,并向有关主管部门报告。

④ 对诚信评价问题,《电子商务法》第39条规定,“电子商务平台经营者应当建立健全信用评价制度,公示信用评价规则,为消费者提供对平台内销售的商品或者提供的服务进行评价的途径。电子商务平台经营者不得删除消费者对其平台内销售的商品或者提供的服务的评价”。比如,美团点评,通过用户点评、餐馆排名等,商家诚信一目了然,用户监督降低了市场交易主体的道德风险,起到了“良币驱逐劣币”的作用。正是基于此,刘恒军认为,平台经营者把交易的成本、时间成本、交通成本极大地降低了,另外,也使信息不对称尽量降低到很小的程度……顺带把信用体系快速建立起来了。

2. 连接资源

中国互联网络信息中心发布了第 42 次《中国互联网络发展状况统计报告》。报告显示，截至 2018 年 6 月，中国网民规模达到了 8.02 亿人，互联网普及率为 57.7%。中国网民的规模为平台经济发展提供了“生根发芽的土壤”。网民的网页浏览及兴趣关注点都会成为平台业务的开发点。平台经营者据此开发、提供符合消费者需要的内容和业务，利用促销手段，如补贴、套餐优惠等方式吸引消费者注意，进而刺激消费者的消费欲望。比如，“滴滴”外卖、“美团”外卖、“饿了么”外卖在无锡市为抢占外卖市场，进行“补贴大战”，向消费者发放补贴和优惠券，如“一分钱吃一份炸鸡，一元钱喝一杯奶茶，一元钱买 6 听雪碧”等。这些极具诱惑的营销刺激消费者纷纷下载 APP。待消费者消费黏性形成以后，平台再向其他领域继续拓展业务，并将已经固化的消费者引向新的消费领域。平台通过接入新的资源，进一步拓展业务范围，进而将商业触角延伸到更广阔的领域。平台经济体现了共享经济的理念，更强调使用权的接入与获得。“接入权”也被表述为“使用权”，指潜在交易者获得交易机会的权利。虽然目前我国民事法律没有明确提及接入权，但从实质来看，有学者认为这种接入权似乎与缔约谈判权相似。比如，外卖商家要想搭上互联网专车，必须与美团等外卖平台洽谈，商议入驻条件、程序及费用问题，并最终达成一致，签署平台服务协议。对那些市场占有率较高的平台而言，这种具有单方决定权的接入权，仿佛是一种自治权，是平台自己“造法”，并据此享有自由裁量权。当然，这种接入的资源并非平台所独有，更多情况下是和多方共享使用权。平台经济的连接功能在《电子商务法》中有相应的表述，即“电子商务平台经营者可以按照平台服务协议和交易规则，为经营者之间的电子商务提供仓储、物流、支付结算、交收等服务”。当然，平台经济的连接资源并不仅限于法条所表述的几种，实际上，网络平台可以连接万物，正是这种包罗万象的连接权，使得人们的衣、食、住、行等极为便捷，使得市场交易变得更加简便易行。

3. 打造交易闭环

“豆腐卖成肉价”，说的是一个商品如果随着物流转十圈，其价格最终会翻上好几倍，卖方貌似赚了很多钱，但实际上其利润却被中间环节环环截留。由此看来，想要提升利润空间，卖方就要想法减少中间环节。网络交易直接越过一些中间环节，将卖方和消费者一一对接，打造环形链条，通过“一站式”消费，从而保证利润“滴水不漏”。平台将传统经济链条式的上、中、下游组织模式进行重构，将原本冗长的产业链弯曲成环形，最终促使卖方（商家）通过平台直接接触消费者，节省了很多环节，提高了产业效率。比如，京东推出首个线上黄金回购平台，打造“购买—持有—回购—兑现—再购买”的交易闭环。比如，马蜂窝旅游网打造的“内容＋交易”模式，一站式满足消费者旅游、出行、住宿等相关需求，进而实现消费者、伙伴企业、马蜂窝平台三方共赢。

4. 匹配信息

“我知道的，你不知道”，“信息差”是传统交易赚取超额利润的法宝。平台经济时代，信息非常透明，信息不对称现象越来越少。平台经济挖掘信息的交互价值，更好地促成双方交易的达成。平台像大型信息池，汇聚着来自四面八方的信息。有些信息提供方可能来自上下游供应链，有些信息则由用户免费提供。这些信息在平台内共享，用户只需动动手指，通过搜索引擎，便可以在浩瀚的数字信息中找到自己所需的信息，人际沟通成本低，沟通时间短，交易快速达成。信息匹配的典型例子很多，比如淘宝将消费者与商品进行匹配，滴滴实现乘客与司机的匹配。在劳动用工领域，也存在劳务需求与劳务供给间的匹配，比如，猪八戒兼职网、威客网、饿了么众包 APP 等。在劳动领域，平台信息匹配功能有利于解决“摩擦性失业”问题。摩擦性失业,主要是指信息传递不畅造成的岗位浪费和人员浪费,平台经济加强信息供给、传递和流通,有利于解决信息不畅问题。

二、平台用工兴起

工种是劳动分工的产物。工种的消失和出现与时代变迁密切相关。比如计划经济时期有粮油管理员、物资供应员,20 年前有 BP 机传呼员。随着时代的变迁及技术的更新,这些传统职业逐渐淡出人们的视野。现在,随着"互联网+"向各大领域渗透,平台经济已成为吸纳就业的蓄水池,与平台运营相适应的新职业、新工种和新岗位应运而生。比如网约快递员、送餐员、网约车司机、网络主播、网约家政、网约厨师、网约保洁工、网约美容师、网约健身教练等,他们"自愿接受网络平台加入条件,以网络平台为介质,接受网络平台发出的订单指示及服务要求从事特定工作的用工方式"①。他们通过网络平台与客户建立联系并提供服务,从而获得劳动报酬,这类新兴劳动者群体被称为网约工。2018 年《全球自由职业者调研报告》显示,"在获客渠道方面,中国自由职业者主要通过社交活动(44%)、自由职业平台(42%)以及口碑推荐(41%)来拓展业务"。目前,网约工劳动群体已然成为一个数据庞大的新生力量。《中国共享经济发展年度报告(2019)》显示,2018 年共享经济参与者人数约 7.6 亿人,其中提供服务者人数约 7500 万人。《2019 中国县域零工经济调查报告》显示,县域市场有零工收入的人群达到了 52.27%,35.11%的县域零工工作与互联网相关。如今遍布于县域市场的"互联网+"类零工类型,既包括最典型的网约车司机、外卖骑手和快递员,又催生了收钱码系统软件开发师、数字微客、AI 标注师、公交车路线规划师等 40 多种新职业。

① 秦国荣.网络用工与劳动法的理论革新及实践应对[J].南通大学学报(社会科学版),2018,34(4):54-61.

（一）平台用工兴起原因

餐饮外卖、滴滴出行等领域的网约工多来自传统企业，美团外卖发布的《2018年外卖骑手群体研究报告》显示，超过270万骑手在美团外卖获得收入，这些骑手中很多人之前是在去产能行业工作，占比达到31%。《2017年滴滴出行平台就业研究报告》显示，2016年6月至2017年6月，共有2108万人在滴滴平台获得收入，其中393万人来自去产能行业。“中国经济结构正在经历一场‘横向转移’（张卫国）。”过去很多就业形式都受制于地理空间，存在天然的地域区隔，但互联网技术将平台打通，数字经济催生的新职业在哪里都可以快速成长。不同于制造业要求的集中化就业，服务业的特点决定了这些新业态的分散化。近年来中国产业结构调整由工业主导向服务业主导转变的趋势进一步加强。2018年，第三产业占GDP的比重已上升至52.2%。相对工业来讲，服务业对劳动力的吸纳能力更强。产业工人为何抛弃传统的“公司＋员工”模式，横向转向生活性服务业？“平台＋个人”就业模式为什么会如此受青睐？本书通过比较分析发现，网约工之所以盛行，主要基于以下原因。

1.入职门槛低

当前，各行业网约工招聘标准并不统一，平台、代理商、加盟商或第三方机构等各立规则。外卖骑手、代驾司机、快递员等在入职应聘时，门槛较低，比如外卖骑手应聘，只要会使用智能手机、能看懂导航、有电动车、有身份证和健康证就能上岗，无须其他职业技能。工作形式不限，全职或兼职都行。骑手应聘成功，马上就可以接单。对网约车司机要求也不高，比如，滴滴代驾司机，只要求司机有驾照且驾龄在5年以上，对司机年龄没有限制，对其他技能也不做要求。司机上岗前需参与类似“考驾照一样”的考试，考试合格，集中参加培训后，即可正式上岗。在检查证件方面，较为宽松，平台一般不做实质性审查。此外,招聘程序相对简单,网约工一般不需要参加招聘会,直接通过网络登记注册并经审核通过即可上任。而传统的企业招聘,劳动者往往要过五关斩六将,经历面试、复试、培训等之后才最终确定人选。相比而言,平台用工更为快速便捷。

2. 待遇相对较高

外卖等生活性服务业的平均薪酬普遍高于一般制造业从业人员的薪酬。以快递为例,2017 年顺丰速运员工年平均薪酬为 12.15 万元,显著高于制造业就业人员年平均工资 6.4 万元。《2018 外卖骑手群体洞察报告》显示,全国蜂鸟骑手月收入主要集中在 4000～8000 元(包含兼职与专职骑手),超过了 2017 年全国城镇私营单位就业人员月均薪资 3813.4 元。很多骑手认为在工厂干活一个月才拿 4000 元,还不如跑十来天外卖。《新就业,高质量:中国新就业形态就业质量研究报告(2018)》显示,按标准工时计算,滴滴平台车主平均月工资为 6438 元,高于北京市"汽车驾驶员"职位的月工资中位数 5600.5 元,也高于广州市"道路汽车客运驾驶员"的平均月工资 5220 元。此外,网约工采用日薪或按件取酬制,酬劳即时兑现,每一单到手的都是实实在在的钱,加班赚的都是看得到的真金白银,这与工厂月薪制相比,更有吸引力。

3. 工作较自由

网约工工作时间比较自由,他们不必像在工厂上班一样限定在"朝九晚五"固定的时间段,网约工自由接单,上下班时间自选。管理也更为灵活,不用到固定的地点上班打卡,工作地点不受限制。人际关系也较为简单,不受领导拘束,网约工之间也不存在交集,是非矛盾较少。辞职也较自由,不用向领导请示,没什么程序限制,来去较为自由。此外,吴安认为"职场体验感"也是吸引网约工的一大原因,"在高度自动化的流水线上,一些一线制造业岗位工作技术含量不高，部分岗位工作较为枯燥乏味，薪酬待遇上也很难有提高，使得这类岗位对应聘者尤其是年轻人吸引力不够”。在工厂一线工作的年轻人觉得工作苦、脏、累，还经常抱怨老板管控多，不自由、压力大。

（二）平台用工特点

平台用工使传统“单位＋劳动者”模式演变为“平台＋网约工”模式，平台用工一键式服务灵活便捷，极大地解放了生产力。生产力的革新势必引发生产关系的嬗变，作为生产关系重要组成部分的劳动关系也随之发生了翻天覆地的变化：企业组织虚拟化、从业人员数码化、就业场所虚拟化、工作时间弹性化、管理手段虚拟化、集体组织虚无化。平台用工呈现出前所未有的特点：

1. 生产资料所有制多元化

传统劳动关系建立在生产资料与劳动者分离的基础上，马克思认为，“不论生产的社会形式如何，劳动者和生产资料始终是生产的因素”。“资本雇佣劳动”使得劳动者的劳动和生产资料结合。在工业革命时代的雇佣劳动关系中，劳动者与生产资料、生产工具的互动只有通过资本家的中介才能发生。[①]资本和劳动彼此相互依赖。但平台经济重使用权，轻所有权，平台与网约工可能存在生产资料共用、共有现象，平台经济时代生产资料所有制发生了巨大的变化，劳动者与生产资料所有权、占有权、支配权、使用权相互关联与分离。在互联网时代，生产资料的形态发生了变化。回顾历史，生产资料在历次技术革命中更新迭代较为明显。在第一次技术革命中，煤是主要的生产资料。在第二次技术革命中，石油、电是主要的生产资料。在第三次技术革命中，数据成为主要的生产资料。现在，人类已进入数字时代，数据日渐成为数字经济时代的核心资产。马云认为，“数据是

① 张炎子．劳动、权力、资本关系的空间逻辑演绎[J]．学术研究，2018(5)：18.

新一轮技术革命最主要的生产资料”。网络、信息、知识等成为新的生产要素。生产资料从实体物变成了虚拟产物。“以往的手工工具、牧畜、机器让位于计算机、人工智能设施、电子媒介等。”[①]在平台用工中，重资产运营模式如神舟租车，采用“他人劳动资料＋本人劳动条件”模式，劳动用工采用资本雇佣劳动的模式，但这种模式极其少见。平台更多的是采用轻资产模式，即“本人生产资料＋本人劳动条件”模式，平台拥有的生产资料并不多，生产资料大多由网约工自行提供。比如，滴滴出行，专车司机自带车辆；外卖骑手，自带运输工具。平台仅作为信息收集的中介，平台通过接入口连接商家、用户和其他相关主体，并将平台内信息进行共享。比如在外卖领域，餐厅通过签约接入外卖平台，进而搭上互联网便车。平台拥有完备的信息系统，包括餐厅展示、网上下单、会员中心、订单管理、订单自动通知、地图搜索、物流配送、用户评价等。消费者通过搜索引擎快速找到餐厅、下达订单并选择物流配送，最后通过在线支付划转货币，整个交易均在网络上完成。餐厅按订单生产，骑手按订单配送，订单这种信息成为重要的生产资料（生产条件）。总之，在平台用工中，数据信息成为一种新型的生产资料，在劳动用工中的地位至关重要。

2. 生产组织形式平台化

生产力的发展必然要求生产关系发生相应的变化。工业革命极大地推动了生产力的发展，进而推动了生产组织形式的变化，第一次工业革命中做工厂，第二次工业革命中做企业，第三次工业革命中做平台。第一次工业革命重点发展轻工业，机器代替手工生产，“以机器大工业为基础的工厂制度出现”[②]。第二次工业革命重点发展重工业，改造、扩大和创新重工业各个部门，垄断企业产生。第三次工业革命以信息技术发展为标志，互联网成为“整个经济社会发展的重要

① 张炎子. 劳动、权力、资本关系的空间逻辑演绎[J]. 学术研究，2018(5)：20.

② 张轶，冯科. 新经济背景下资本雇佣劳动关系转变研究[J]. 新经济，2017(7)：27.

基础设施”，生产系统“数字化、智能化”，“大规模定制”成为可能。“大量物质流被成功虚拟化而转化为信息流，生产组织中的各环节可被无限细分，工厂化生产转向社会化生产。”[①]平台成为连接社会化生产的“中枢神经”。实体企业逐渐平台化、虚拟化。原本拥有线下门店的商家，纷纷“改头换面”，比如，“好厨师”撤销实体店，在平台开设网店，所有业务全部通过订单派发形式完成。传统“企业＋个人”的雇佣方式，逐渐变成“平台＋个人”模式。比如，Uber(优步)将自己塑造为一个平台，通过算法和规则组织协作，个人在平台中直接面向客户或消费者。平台用工“去劳动化”[②]意图明显，平台用工不再像传统模式通过雇佣关系在内部构建能力，平台越来越倾向于通过连接外部力量去解决问题。过去依赖企业、公司才能完成的业务或商业行为，现在平台通过接入权，通过业务外包、众包等，可以直接连接到个人。平台变成“似水一样”的组织，可以无限汇聚成千上万网约工。比如在“大牛家”平台上接一个短期项目，专业人士可能利用周末一天就可以完成。网络平台的无限包容性和连接性，有利于精简现代企业组织架构，企业组建“三叶草”结构，将不需要的叶片一片一片剥离，最终只留下最核心的部门。比如，美团正式员工只有几万人，但美团通过平台却可以调度几百万甚至上千万外卖骑手。

3.劳动管理间接化

“工业化时代，企业组织是科层制与层级式，强调分工基础上的集中指挥，领导者通常通过层层选拔、任命，其位置高度稳定，掌握企业的重要权利。因此，传统领导力强调的是领导者个体对追随者和情境的影响和改造，突出的是英雄式领导，员工处在服从、追随地位，

① 兰建平．第三次工业革命对生产方式、产业组织方式的影响[N]．浙江日报，2013-06-07(14)．

② 李炳安，彭先灼．移动互联网时代中的劳动关系转型及其认定[J]．科技与法律，2018(2)：86．

主动性与创造性难以得到激发。”[①]而在平台用工中，平台已经破坏了科层制的“底层逻辑”，平台将所有参与者“并联”到一起，围绕用户创造价值，用户为大家“支付薪酬”[②]。依托平台就业的网约工，一方面像是平台的合作者，双方签订网约协议，平台按约定收取信息中介费用，网约工凭借平台提供的信息与用户达成合同交易，用户依据订单向网约工支付报酬。另一方面，网约工又像是平台的员工，他们要完成平台下达的订单、任务和考核指标。但平台对网约工的管理又不太像传统劳动管理那样严格，平台淡化管理特征，以间接管理为主。从形式上看，平台似乎没有管理者。平台借消费者之手，通过消费评价来对网约工进行考评，网约工劳动价值的评价和薪酬分配的主导者也从企业变成了客户（消费者）。

---

① 张文彬.数字经济重构企业管理[J].企业管理，2019(10):109-111.

② 穆胜.平台解救科层制：下[J].中外管理，2016(11):64-67.

第二章　平台用工关系

一、劳动用工市场化回顾

劳动关系是社会关系的主轴，它随着物质生产资料、生产力的变化和发展而变化和改变。在迭变过程中，劳动关系会出现波动或震荡。劳动关系不仅仅关乎劳动者切身利益，同时也影响经济发展和社会进步。探究劳动关系历史轨迹，预测未来走向，有利于总结发展规律，解决现实问题，为和谐社会的创建提供安定有序的社会环境。

劳动关系是指人们在劳动过程中发生的相互关系。狭义劳动关系仅指劳动者与用人单位之间在劳动过程中产生的关系，受《中华人民共和国劳动法》（以下简称《劳动法》）和《中华人民共和国劳动合同法》（以下简称《劳动合同法》）等调整。判断劳动关系成立与否，首先要看劳动合同。有合同则为劳动关系；无劳动合同，则要看双方是否成立事实劳动关系。当前司法审判所援引的法律依据是2005年颁布的《劳动和社会保障部关于确立劳动关系有关事项的通知》，只要具备“劳动三从属性”即人格从属性、经济从属性、组织从属性，则双方成立事实劳动关系。广义劳动关系指人们在生产劳动中发生的一切关系，包括劳动者雇佣关系、劳动力使用关系、劳动管理关系、劳动服务关系、劳动保障关系。此外，还泛指劳动者与用人单位之间形成的分工协作关系，如劳动关系、雇佣关系、劳务关系、承揽关系等。本书将探讨广义劳动关系。

劳动关系在当今是较为典型的劳动用工关系，但回顾历史，劳动法意义上的劳动关系的正式形成却经历了漫长的演变。劳动法律关系主体即劳动者和用人单位并非从一开始就是独立的法律主体，而是随着我国企业用工制度的市场化进程，从计划用工向市场用工，从固定用工制到劳动合同制的转变，逐渐形成独立的法律人格。在不同的阶段，劳动者和用人单位的权利和义务配置不尽相同。具体而言，我国标准劳动关系演进过程如下：

（一）第一阶段（1953—1978 年）

计划经济时期，我国劳动关系较为单一，只存在一种社会公有制下的劳动关系。中华人民共和国成立初期，国家经济政策主要着力于彻底消灭资本主义，目标是“让小农经济绝种”“让资本主义绝种”，在劳动用工中消灭剥削，消灭雇佣劳动。最后，经过社会主义改造，资本主义经济最终“汇入全国一体化的公有制经济”。国家拥有全部生产资料，劳动者是国家的主人，因此，劳动者共同拥有生产资料，即资本所有者等于劳动者。在社会上占统治地位的劳动用工是“统包统配”式用工。这种劳动用工制度的目的在于保证计划经济时期我国经济建设有固定的职工队伍和充裕的劳动力供给。“在农村，以生产队为经济单位发展集体经济，劳动力在队内统一配置；在城镇，劳动力的配置和流动由国家统一负责，不允许劳动力的跨地区跨行业的自由流动。资本和劳动之间不存在雇佣和剥削。”[①]这种“统包统配”式劳动分工存在先天缺陷，劳动者一次分配定终身，想“吃大锅饭”的安心混日子，劳动积极性不高；想要调动工作的，又无法“挪窝”，工作心不甘情不愿。同样，企业也没有自主经营权，国有企业的生产经营和分配一律由政府直接控制，“单位本身被纳入到国家行政

① 刘洪银．当代中国资本和劳动雇佣关系的变迁[J]．贵州社会科学，2007(10)：54.

组织结构，是国家组织的延伸，缺乏自主权”[①]，企业不是独立的市场主体，企业执行国家计划是其天然使命。企业没有招工用工权，企业不能自主决定招聘劳动者，必须根据国家下达的用工指标来招聘劳动者，想要的人进不来，不想要的人调不走。企业对劳动者承担无限责任，不仅负责劳动者自身的生老病死，同时还要顾及劳动者的子女问题，劳动者依凭“国有”身份，享受就业、医疗、补贴、教育、住房等全方位的福利，企业与劳动者之间不存在剥削关系，劳企利益高度一致。

（二）第二阶段（1978—1992 年）

过渡时期，劳动关系开始导入市场。“铁饭碗”式的固定用工，人心涣散，企业活力不足，生产效率不高。1978 年十一届三中全会提出“以经济建设为中心，坚持四项基本原则，坚持改革开放”，对内改革拉开帷幕。农村开始实行土地联产承包责任制，包干到户。农民可以因地制宜，自主经营。在城市，国有企业改革以增强国有企业活力为目标进行扩权让利”，砸破“铁饭碗”，国家逐渐放开国有企业经营管理权。在服从国家计划和管理的前提下，国有企业在生产和经营上享有更广泛的权利，企业逐渐变成独立的市场经济主体。1982 年初，江苏等十几个城市开始试点探索打破固定工制度，开始试行劳动合同制。1986 年以后，国有企业对新招收的工人全面试行劳动合同制，这意味着实行了多年的“固定工”制度被废除。1988 年，七届全国人大一次会议通过《中华人民共和国全民所有制工业企业法》，该法规定：“企业的财产属于全民所有，国家依照所有权和经营权分离的原则授予企业经营管理。企业对国家授予其经营管理的财产享有占有、使用和依法处分的权利。企业依法取得法人资格，以国家授予其经营管理的财产承担民事责任。”该法正式向世人宣告，企业与劳动

---

① 李锦峰．契约、身份与劳动关系变迁：国企改制以来的国家与工人阶级[J]．甘肃行政学院学报，2012(3)：35-36，126-127．

者法律地位平等，双方可以双向选择，企业和劳动者之间不再是固定的劳动关系，企业招聘劳动者不再受指标限制，可以根据自己意愿，向社会公开招聘符合其预定条件的劳动者。企业对劳动者的责任也从无限责任转向有限责任，并且双方可以共同协商确定权利和义务内容。

（三）第三阶段(1992—2004 年)

劳动关系进一步市场化，逐步推行全员劳动合同制。在试点劳动合同制前期遵循“老人老办法，新人新办法”原则。试点前的职工仍实行固定工制度，但新人采用合同制。这种“双轨制”带来了新的矛盾和冲突，“固定工站在旁边看，合同工弯着腰干”。为公平起见，国家决定推行全员劳动合同制。1992 年 1 月 25 日，《关于深化企业劳动人事、工资分配、社会保险制度改革的意见》出台，该文件要求在企业内部真正形成“干部能上能下，职工能进能出，工资能升能降”的机制。1992 年 10 月，中共十四大报告明确提出：“转换国有企业特别是大中型企业的经营机制，把企业推向市场，增强它们的活力，提高它们的素质。”1993 年《中共中央关于建立社会主义市场经济体制若干问题的决定》确立社会主义市场经济体制，现代企业制度建设成为改革的重点。“在‘减员增效’的目标下，国有企业开始了大规模的下岗分流、裁减冗员的浪潮。”①一方面，国家继续对企业放权让利。在政策上，要求政企分开，让企业成为独立的法人和独立的市场竞争主体，自负盈亏，自担风险；另一方面，劳动者进行“职工置换身份”改革。在计划经济体制下，劳动者的身份是“国家职工”，劳动者就业由国家统一分配，而在市场经济体制下，劳动者直接转化为公民个人，公民独立于国家和企业，与企业平起平坐。劳动者从“国有人”变成“社会人”，重新择业、重新就业。随着改革的深入发展，“劳动者和国

---

① 马继宪，张志文.改革开放以来我国企业劳动关系变迁与和谐劳动关系构建[J].学术论坛，2015，38(5)：47-51，84.

家间的行政隶属关系转变为职工和企业间的劳动契约关系，即市场化的劳动关系"[①]。劳动关系变成单纯的生产性关系，劳动者与企业"结成纯粹市场化的现代契约关系"[②]。这种新型劳动关系表现为，劳动者与企业在人力资源市场上进行双向选择，签订劳动合同，劳动者向企业出卖劳动力，企业通过签订一定时期的合同，获得劳动者劳动力的支配使用权，劳动合同的缔结完全基于双方自愿，国家也不再通过计划的形式直接干预企业与工人的关系。1995 年 1 月 1 日《劳动法》正式实施，法律规定建立劳动关系应当订立劳动合同，这意味着我国劳动用工实行全员合同制。"打破企业所有制界限，所有企业执行统一的劳动规则和标准"[③]，国家从立法层面赋予劳动关系主体的法律地位，企业享有自主用工权，劳动者享有自主择业权，这标志着我国劳动用工制度进入依法用工阶段。由于权责利协商确定，因此，企业对劳动者的责任也不再是无限责任。1992 年，各地根据《关于机关事业单位养老保险制度改革有关问题的通知》，相继开展养老保险试点探索，并逐渐让机关和事业单位与企业养老金"并轨"。1993 年，国务院发布了《关于全民所有制工业企业转换经营机制条例》，将分配自主权正式以条文的形式还给了企业。工资由企业定，企业拥有分配权这个"尚方宝剑"后，难免会滥用权力，此后，少数企业利用手中权力乘机压低员工工资，严重损害劳动者权益，为保障劳动者及其家庭成员的基本生活，1994 年起很多省份开始实施最低工资标准制度。

（四）第四阶段（2004 年至今）

劳动关系从个别劳动关系向集体劳动关系转化，和谐劳动关系

---

① 宋士云. 改革开放以来中国企业劳动关系变迁的历史考察[J]. 当代中国史研究，2018，25(1)：19-29，123-124.

② 李锦峰. 契约、身份与劳动关系变迁：国企改制以来的国家与工人阶级[J]. 甘肃行政学院学报，2012(3)：39.

③ 同①.

成为社会主流。我国劳动用工全面市场化之后,企业拥有了几乎不设防的经营权,权力一旦缺乏约束,就会膨胀,权力滥用日渐频繁,经济改革的负面影响逐渐凸显。一些企业利用法律漏洞,肆意剥削压榨劳动者。他们通过延长工作时间、滥用试用期、随意设立违约金等严重侵害劳动者的合法权益。为降低用工成本,一些企业不再与劳动者签订劳动合同,转而通过非标准劳动关系达到用工目的,如非全日制用工、劳务用工、劳务派遣用工等,新型劳动用工逐渐出现,且新型用工已超出原有劳动法律的规制范畴。劳动者相对处于弱势地位,在劳动力供大于求的形势下,不敢与企业抗争。即使双方签订劳动合同,但企业为减少解雇成本,故意与劳动者签订短期合同,公有制经济下的国企劳动关系开始"去劳动化",劳资矛盾逐渐激烈。与此同时,非公有制经济如外资、港澳台资、个体私营等迅速崛起,劳动用工关系逐渐多元化。新型用工以及新职业的出现,挑战着当时的法律制度,规范新工种的法律日后也渐次出台。比如在家政服务行业,为家庭日常生活提供服务的如保姆、月嫂、保洁工、护工等得到了法律的重视。如 1995 年 11 月,国家劳动部在劳部发〔1995〕396 号文件中第一次把从事家政服务的人员称为"家庭服务员"。2000 年 8 月,劳动和社会保障部颁布国家职业标准,将其改称为"家政服务员",并将其概念界定为"根据要求为所服务的家庭操持家务,照顾儿童、老人、病人,管理家庭有关事务的人员"。比如,在建筑领域、煤矿采掘业、制造领域以及其他服务领域,农民工大量涌入。农村实行家庭联产承包责任制后,农民的温饱问题得到解决。为寻求更好的发展,从 20 世纪 80 年代起,农村富余劳动力纷纷外出打工。1985 年,中共中央和国务院文件首次提出"允许农民进城开店、设坊、兴办服务业,提供各种劳务",1992 年邓小平"南方谈话"后,外商投资大幅增加,建筑业、制造业发展提速,这些企业对劳动力尤其是体力劳动力的需求更加强烈。"民工潮"的出现引起了政府的极大关注。这些进城务工的农民被赋予一个新的称号——"农民工",即指"身在城市从事非农业工作的农业户口的工人"。再如,在保安行业,1984 年 12

月,私人保镖公司(保安公司)开始出现,一个极为特殊的职业——保镖进入公众视野,他们主要受雇于企业家、政治家、艺人等,为其提供安保服务,以防雇主遭受骚扰、攻击、暗杀等。2009 年 12 月,公安部颁布《公安机关实施保安服务管理条例办法》,该办法第 29 条规定:“提供随身护卫……的保安员上岗服务可以穿着便服,但应当佩戴全国统一的保安服务标志。”2010 年 1 月 1 日《保安服务管理条例》将保镖身份合法化,首次明确保安服务公司可以根据合同为客户提供“随身护卫”。这些新工种的出现,其用工模式突破了劳动关系的界限,用工形式的多元化,倒逼立法快步跟上时代步伐。“我们的劳动关系有三种:标准劳动关系、非标准劳动关系、民事关系。这样的用工比较多元,会带来诸多摩擦和碰撞。”[①]非标准劳动关系以及非劳动关系的其他民事关系,越来越多。这些非正规雇佣关系无论是法律上还是实践上,其经济活动没有被社会制度性安排所覆盖,这些劳动者,虽然也出卖劳动力,但买方可能是自然人也可能是企业或其他组织。但是,在用工形式上,他们没有与雇佣者建立劳动关系,那么,这些诸如雇用家庭保姆、个人保镖、家庭教师、临时司机、雇人装修、雇用律师(专家、顾问、退休返聘人员)等,在劳动关系之外,又该如何定性和规制呢? 这些“搅局”的用工关系虽然在现实中丰富了劳动就业形式,但也带来了极其棘手的难题。随着劳动关系的日益复杂化,1995 年颁布的《劳动法》已难以有效应对。当时的《劳动法》将调整对象限定在自然人劳动者与用人单位之间,其他用工关系被排除在外。比如自然人与自然人之间,如家庭帮工,雇用保姆、保洁员等,单位或组织之间的用工关系,比如外包关系,以及单位或组织与劳动者的非劳动关系(如企业聘请律师),难以受到法律的有效规制。为应对新型用工问题,最高人民法院 2003 年发布《关于审理人身损害赔偿案件适用法律若干问题的解释》,对雇佣关系进行界定;《劳动合同法》《劳务

---

① 董保华. 中国劳动法:时代变迁中走务实道路[N]. 中国社会科学报,2019-07-02(007).

派遣暂行条例》等对劳务派遣用工进行规范;最高人民法院《关于审理劳动争议案件适用法律若干问题的解释(三)》《侵权责任法》等对劳务关系进行了规定。上述法律对新工种所引发的法律难题进行了解答。

随着社会主义市场经济体制改革向纵深发展,国家从注重经济发展速度转向维护"社会公平、和谐和稳定"。2004 年 9 月 19 日,党的十六届四中全会召开,会议第一次明确提出"构建社会主义和谐社会"的概念,第一次把和谐社会建设放到与经济建设、政治建设、文化建设同等重要的位置。2005 年,中国共产党提出将"和谐社会"作为执政的战略任务,并提出和谐社会的主要内容是"民主法治、公平正义、诚信友爱、充满活力、安定有序、人与自然和谐相处"。2007 年仅在一年时间里,我国相继出台"劳动三法",即《劳动合同法》(2008 年 1 月 1 日正式实施)、《就业促进法》、《劳动争议调解仲裁法》(2008 年 5 月 1 日起施行)。随后,2008 年又颁布了《劳动合同法实施条例》。此后,2012 年 12 月,国家对《劳动合同法》进行修订,增加集体劳动关系的相关规定。"我国劳动关系已从个别劳动关系阶段发展到集体劳动关系的调整阶段,集体劳动关系是否协调已成为劳动关系调整的关键问题。中国的劳动争议开始转向集体协商,劳动关系也在摆脱过度市场化,即开启了向'集体劳动关系'的转变。"[①]长期以来,我国把和谐劳动关系的建立作为国家的一项重要任务。2012 年 11 月召开的党的十八大,明确提出构建和谐劳动关系,提出要健全劳动标准体系和劳动关系协调机制,加强劳动保障监察和争议调解仲裁。2015 年 3 月,《中共中央国务院关于构建和谐劳动关系的意见》出台,要求"切实增强责任感和使命感,把构建和谐劳动关系作为一项紧迫任务,摆在更加突出的位置,采取有力措施抓实抓好。实现劳动用工更加规范,职工工资合理增长,劳动条件不断改善,职工安全健康得

① 闫永飞.对中国工人阶级现状的理论思考:近年来国内外学者关于工人阶级与工会理论研究的综述[J].工会信息,2014(7):6-8.

到切实保障，社会保险全面覆盖，人文关怀日益加强，有效预防和化解劳动关系矛盾，建立规范有序、公正合理、互利共赢、和谐稳定的劳动关系”。构建和谐劳动关系，维护社会稳定，成为当前劳动立法追求的价值目标。

二、平台用工多元化

随着劳动关系的逐渐市场化，20 世纪 80 年代以后，我国劳动关系已呈现出非标准化趋势。2018 年国家宣布社保入税，为减小企业社保负担，企业更多采用灵活用工。正如王春光所说，“如今，无论是高科技行业，还是劳动运营密集型行业，多通过使用非标准或劳务等其他民商事关系，以掩盖国家法律干预较多的刚性标准劳动关系”。企业越来越不愿意聘用“终身制”员工，全职工作正在消失，许多公司不到万不得已，不会选择雇用全职员工。劳动用工从过去全职的雇佣形式，向现在的半合同制、合同制，甚至是众包等形式转变。在平台用工中，非标准劳动用工更为普遍。从当前现状来看，平台用工主要采用以下方式：

1. 直营模式

即平台直接与网约工签订正式的劳动合同，比如神州专车和曹操专车等。这种用工模式用工成本较高，平台发展到后期此种用工模式所占比例将越来越低。

2. 众包用工

社会化众包即平台“向大众外包任务”，把过去由其组织内部员工执行的配送任务外包给非特定的网约工。比如，美团、蜂鸟等都有自己的众包配送系统，众包骑手无须受雇于固定的用人单位，不是某个企业的直接用工，不与任何公司签订劳动合同。众包骑手只需登陆 APP、注册账号，即可进行配送业务。众包骑手实行抢单制，由餐厅派单，骑手竞争抢单，手快，则单多，送单多则挣钱多，不抢单则零收入。众包配送范围一般比较大(如5千米)，配送按距离收费。众包骑手上班时间自由，无固定工作地点，薪资随时提现。平台不需要为众包骑手提供工资、津贴福利、社保等劳动待遇，只需要考虑怎样管理众包骑手，如何保证骑手服务质量等。众包骑手多为社会闲散劳动者，是“杂牌军”，多为兼职骑手，这类骑手有的同时为多家平台提供劳务。

3.外包模式

平台将某一地区的配送业务外包给第三方公司，由第三方公司与网约工签订劳动合同或劳务合同。比如，美团配送集中在5千米以内，5千米以外的订单就成了配送盲区，商家只得将远距离订单、时效要求高的订单外包给第三方同城配送平台。在外包模式中，网约工与其雇主间的法律关系五花八门。平台经营者与代理商、租赁公司、劳务派遣公司等签订合作协议，将配送业务剥离，进而将庞大的用工体系分散出去，平台通过法律制度设计与网约工彻底划清界限。平台经营者只提供平台，网约工由代理商等进行招募、管理。至于网约工与代理商等形成什么样的用工法律关系，平台不再过问，实际上，代理商等也常常规避法律责任。实践中选择劳动关系的较少，骑手是合作商全职员工。美团配送每个区域都有代理商，并在相应的区域建立配送站点，每个配送站再统一招聘骑手，统一管理骑手。骑手在网上提交相应资料后，会有加盟商站长联系骑手并商议招聘事宜。专送骑手有“五险一金”。专送骑手在固定时间上下班，采用月薪制，收入稳定，配送专业。专送骑手由系统派单，派送范围一般在3千米以内，取餐及配送时间在35分钟左右。专送每单提成基本固定，不受距离影响。专送更注重服务质量，如“饿了么”专送有“准时达”服务，此外，专送还有距离补贴和重量补贴等。除劳动关系外，外包模式中相关企业或平台也采用非标准劳动关系，比如劳务关系、劳务派遣关系、雇佣关系、承揽关系、合作关系等。相比而言，非标准劳动关系占比更高。此外，在网约车领域，还有采用租赁模式的，在租赁加盟模式中，实行“人车分离”原则，首先由汽车租赁公司与平台签订信息技术服务合同，然后，租赁公司购买车辆，司机再从租赁公司租借车辆，最后，司机在平台注册成功进而接单从事驾驶业务。在此种模式中，平台与司机之间不存在劳动雇佣关系，平台不承担劳动主体责任，而司机与租赁公司之间也可能形成其他非劳动关系。

4.个体工商户模式

2020年新冠疫情暴发以来，国家为扶持个体工商户，出台了一系列“输血供氧”的政策，比如允许使用网络经营场所登记个体工商户、降低个体经营者使用互联网平台交易涉及的服务费、延缓缴纳所得税、减免有雇工的个体工商户社会保险（养老、失业和工伤保险）单位应缴部分、免征增值税、低息贷款、减免租金等。在帮扶政策的刺激下，个体工商户批量注册，很多网约工如外卖骑手也都纷纷注册为个体工商户，他们以个体工商户的身份与平台签订合作协议，提供相应的服务。这样一来，网约工与平台间的法律关系彻底从原来的劳动雇佣关系变成了商业合作关系。

三、平台用工“去劳动化”

无论是外卖平台、配送平台，还是网约车平台，它们的用工模式如出一辙，平台经营者均通过一系列的法律操作，将自己“置身事外”。比如美团平台，将其角色定位于信息服务平台，美团提前预设了一定的法律关系，无论采用加盟模式，还是众包模式，美团平台都宣称不与外卖骑手形成直接的劳动关系。诸多网络平台在劳动用工方面纷纷选择“去劳动化”，深究起来，主要基于以下原因：

1.制度套利

对网约工这种新工种，世界各国劳动法律都没有应备之策。网约工身份如何定性，尚无立法予以明确，在此背景下，平台经营者利用法律制度漏洞进行套利，平台用工中雇佣关系呈现多元化、“去劳动关系”趋势。很多平台（科技公司）利用法律完善空隙，紧锣密鼓地上市，比如，Uber、Lyft（来福车）。针对这一现象，Lee Fang 认为，投资者希望通过高估值立刻套现走人，当 Uber 提交 IPO 申请时，其 S-1 文件称，“如果司机被归为雇员而非独立承包商，我们的业务将受到不利影响。”“因为一旦新的劳动法出台，可能会给它们的模型、现金流和估值带来毁灭性打击。”为规避法律责任，平台往往不愿意让网约工成为其正式劳动者。我国《劳动法》和《劳动合同法》第 1 条都明确规定“保护劳动者的合法权益”，劳动法律认为用人单位是“强势主体”、劳动者是“弱势群体”，为平衡两者关系，有必要规定劳动基准即法定最低劳动保障标准来倾斜保护劳动者，比如《劳动法》第 4 章规定工作时间和休息休假问题，第 5 章规定最低工资的问题，第 6 章规定劳动安全卫生问题，第 7 章规定对特殊劳动者（包括对女职工和未成年工）进行特殊保护的问题。此外，劳动法律还赋予用人单位更多法律义务，比如规定用人单位签订劳动合同，限制用人单位解除劳动合同，非法定事由解除劳动合同时用人单位需向劳动者支付补偿金，用人单位需为员工缴纳社保等。而在其他非劳动关系中，相关民事法律无须对劳动者进行倾斜保护。在用人成本方面，“企业与劳动者签订劳动合同要多付出 30％的成本”，且“一位全职员工的雇用成本要比相应的兼职者高出 30％～40％”[①]。尤其是社保新规执行，即自 2019 年 1 月起，社保费用由税务局统一征收，企业今后需按员工标准薪资而非最低工资标准缴纳，这就意味着社保实际支出将增加很多，那些需要大量劳动力的企业，用人成本必将大幅提高。正是基于节约成本考量，一些平台经营者为追求自身利益最大化，想方设法进行节流，他们改变传统全职员工的雇佣模式，只“用工不用人”，尽量采用非劳动关系用工，比如劳务外包、劳务众包、劳务派遣及各种混合

① 黛安娜·马尔卡希.零工经济[M].陈桂芳，译.北京：中信出版社，2017.

用工等来减少用人成本的支出。

2. 管理受限

网约工群体庞大，难以归口管理。比如，2018 年美团总共有 270 多万骑手，每天有超 60 万的活跃骑手在配送，这些骑手分散在全国各地。如果平台采用直营模式，与骑手签订劳动合同，依靠平台对骑手进行招聘、管理等，那将是极其耗时耗力的事情。再加上网约工人员流动较大，解除劳动合同时，一旦网约工更换日常联系电话，那么平台要合法解除劳动关系，还需发出解除通知，甚至还得发布公告，这无疑增加了员工管理成本。当越来越多的岗位转化为零散岗位，传统的公司组织模式已经无法适应新的生产关系。为解决用工问题，平台通过外包方式，与第三方公司合作，由第三方公司对网约工进行招录、管理等。平台也可以通过众包模式，直接与单个网约工进行合作。通过外包、众包，平台达到了“用工不用人”的目的，人员管理难题被有效攻克。

3. 用工灵活

有些业务存在淡季和旺季之分，若企业（平台）长期雇佣劳动者，则淡季无用人需求时，还要“养人”，这样就增加了“无谓”的人力成本。为减少用人支出，企业（平台）会天然地选择按需招人，“以项目、任务和时长为参考来购买所需的劳动力”，在忙时增补，在闲时减员。平台与网约工不建立全职劳动关系，双方签订合作协议，共同商定合作事宜。旺季过后，随着订单业务的减少，网约工自然退出，平台与网约工间法律关系自然结束。这种灵活用工，节省了招聘、管理、培训、房租、保险等显性成本，成为大多数平台的首选用工模式。

4. 网约工自愿放弃

据大数据分析，64%的“95 后”倾向于灵活可变的工作，而非朝九晚五的“铁饭碗”。在平台用工中，少数网约工愿意与平台建立劳动关系，成为全职员工，以期得到稳定的收入。相反，很大比例的网约工选择兼职形式，他们自愿放弃劳动关系。兼职网约工离职率普遍偏高，他们在各大平台、各个地域间进行试探，准备随时抽身走人，为防止自己被羁绊，他们更倾向于不与平台签订劳动合同。当然，也有些网约工基于其他理由，比如有部分网约工可能因为法律意识淡薄，不清楚劳动关系和非劳动关系的区别，有些为形势所迫，不签就不让你干，面对财大气粗的平台，网约工自觉没有谈判资本，为挣钱养家，他们只能被动接受平台用工协议。还有些网约工，原本与其他用人单位建立了劳动关系，在平台兼职时，为避免不必要的麻烦，他们选择不与平台建立劳动关系，说来就来，说走就走，这样便于保持“自由身”，做一单挣一笔钱，同时还可以在多个平台间游走。

四、平台用工司法判例

（一）国外判例

当前，世界各国都极为重视平台经济背景下的就业问题，积极探索平台用工法律关系的规制，争取“换掉旧鞋走新路”，但囿于立法滞后，对网约工身份的司法认定仍是世界难题，各国司法实践都不相同。

在餐饮外卖领域，众包外卖骑手多被判定为非雇员。比如，依据墨西哥劳动法，Uber Eats 被认定为“服务提供商”，因此，该平台旗下的外卖人员不受劳动法保护。此外，墨西哥的 Uber，在荷兰注册，根据 Uber 条款，墨西哥用户的任何争议，如果采用仲裁方式解决，仲裁都将在阿姆斯特丹进行。这意味着，无力支付高昂律师费用的外卖人员根本无法向 Uber 索赔。其他国家的外卖骑手身份定位也极相似。法国定为“个体企业主”(Auto-entrepreneur)，澳洲的被归类为独立合同人(Independent Contractor)，德国、英国的被称为自由职业者，美国的为独立承包商(Independent contractors)。虽然各国众包骑手称谓不同，但其境遇相似，均不享受雇员待遇。如美国独立承包商没有“在职责任险和工伤补偿险”，没有资格申请失业补偿金，在年底报税时使用的是 1099 表格，而不是 W2 表格。平台将骑手定性为独立承包商，可以不支付雇员福利，而被砍掉的费用通常占雇主给雇员工资成本的32％～37％。

在网约车领域，网约车司机身份定位各不相同。对网约车业务的合法性问题，各国看法不同。俄罗斯政府认为网约车创造了众多的工作和兼职机会，暂时没有对网约车做出限制。2018 年 7 月，日本政府认为叫车安排令消费者面临太大的风险，日本政府以安全为由，禁止了非专业司机运送付费客户的服务。法国、意大利、西班牙、德国、荷兰、比利时等将私人拼车 Uber Pop 列为非法服务并进行封杀。各国对网约车司机的身份认定也有很大差异。比如 Uber 案，网约车司机提起诉讼较多，但一直以来，Uber 自称是信息中介公司，以提供司机与乘客端信息匹配的服务商自居，各地法院在审判时显得摇摆不定，认定结果主要分为三种：一是判定为劳动关系。2015 年 3 月，加州法院判 Uber 与司机构成劳动关系（Douglas Connor 2015）。2016 年 10 月，在案名为“阿斯拉姆（Aslam）、法勒（Farrar）等诉优步有限公司、优步伦敦有限公司和优步英国有限公司案”中，英国劳动法庭判决司机是 Uber 公司雇用的员工，有权享受全国最低工资和带薪休假等员工待遇。2017 年 12 月 20 日，总部位于西班牙巴塞罗那的独立出租车司机协会 Elite Taxi 诉 Uber 案中，欧洲法院（European Court of Justice）裁决称，优步并非数字服务公司（高科技公司或是信息中介机构），而是一家提供运输服务的出租车公司。2018 年 7 月，美国纽约州通过裁决，认为 Uber 网约车司机应当是全职员工。2018 年 8 月 8 日，纽约市议会投票通过一项法案，对网约车司机进行保护，设置每小时 17.22 美元的最低工资标准。2020 年 3 月 11 日，法国最高院判定优步网约车司机不是“个体户”而是雇员。2021 年 2 月 19 日，英国最高院判定优步需将网约车司机列为公司员工。二是和解。2016 年 4 月，加利福尼亚州和马萨诸塞州的两起集体诉讼案中，Uber

做出让步达成和解，向两起诉讼案中的38.5万名司机支付1亿美元的补偿金。法院采用和解的方式结案，对司机是否为雇员不予回答。三是认定为独立承包人。2019年4月29日，美国劳工部发布的意见书明确答复网约工不属于劳动者群体。意见书认为，虚拟市场交易公司的网约工不属于劳动者，而属于独立承包人。因为平台并不控制他们的工作。意见书强调：公司的主要业务不是为终端市场的消费者提供服务，而是提供一项连接网约工和消费者的网络平台指引业务。2019年5月15日，美国劳资关系委员会总法律顾问Peter Robb在发布的一份建议备忘录中称，Uber司机可以自己安排工作时间，拥有自己的汽车，并且也可以自由地为公司竞争对手工作。根据美国联邦劳动法，Uber的司机不是企业雇员，而是合同工。

（二）国内判例

近年来，对网约工法律身份定位的案件，我国司法审判显得极为纠结。网约工包括网约车司机、家政员、外卖骑手、美容师、网约厨师等职业。确认“网约工”与平台成立劳动关系的判例很少，典型案例有“好厨师”案、“滴滴打车”案、“神州专车”案、“闪送员与闪送平台案”；确认未建立劳动关系的典型案例有“美美哒”案、“五八到家”案、“e代驾”案、“网红”主播案、游戏主播案、王哲拴案、孙有良代驾司机诉亿心宜行劳动关系案；确认存在雇佣关系的典型案例有“外卖小哥撞伤路人案”“代驾司机撞倒骑车老伯案”；确认成立居间关系的典型案例有“女子网约美容灼伤双眼诉河狸家案”“郭灵迪诉河狸家、美睫师侵权案”；确认存在劳务派遣关系的典型案例有“AA租车”案、“一号专车”案；和解的案例有武汉圆通速递与快递员案（圆通公司虽不愿承认劳动关系，但同意支付快递员劳动报酬）。从前述判例可以看出，法院一般不太倾向于判定为劳动关系，根本原因在于法官“通常是将新型用工方式置于传统劳动关系的框架内审视，企图用标准化来涵盖多种多样非典型的用工关系，呈现出由抽象标准分析具体个

案的特征。因此但凡个案的某些部分不具备抽象性概念,便将其排除"[①]。总体而言,当前判例呈现以下特征:

1.受伤与否,判定不同

对不涉及人身伤害,仅诉求认定劳动关系的案件,法院往往倾向于不认定。如2014年12月的王哲拴诉亿心宜行案、2015年2月的孙有良诉亿心宜行案,法院认为用工关系不符合劳动关系标准,但未进一步指明应该属于何种法律关系。但如果案件涉及第三人人身伤害,法院往往判决第三方合作公司承担责任。如"外卖小哥撞伤路人案",该骑手与某人才服务公司签订了劳务合同,在北京为美团外卖平台(北京三快在线科技有限公司)提供送餐服务。在送餐途中,该骑手将他人撞伤。法院认为,外卖骑手是为了执行人才服务公司的工作任务,用人单位的工作人员因执行工作任务造成他人损害的,由用人单位承担侵权责任。法院判决人才服务公司赔偿伤者30万元,而美团外卖平台与外卖骑手间无雇佣关系或劳动关系,因而不需要承担法律责任。

2.全职、兼职结果不同

若网约工为全职工作者,法院一般会倾向于认定为劳动关系,如"闪送"案。2018年6月,北京海淀区人民法院判决闪送平台与闪送员成立劳动关系。法院认为,同城必应科技公司作为闪送平台运营方,不能因其采用了新的技术手段与新的经营方式而不承担本应由其承担的法律责任与社会责任。同城必应科技公司是一家从事货物运输业务经营的公司,而非信息服务公司。尽管闪送平台与闪送员签订有合作协议,但对法律关系的认定应进行实质考查。闪送平台对闪送员有严格的招聘条件,要求闪送员服务时佩戴工牌,按照服务

① 潘建青.网络直播用工关系的劳动法思考[J].中国劳动关系学院学报,2018,32(4):70-77.

流程提供服务，虽无工作量、在线时长、服务区域方面的限制，但平台对每单配送时间有限制，对超时、货物损毁等有惩罚，且禁止闪送员为其他平台服务，闪送员在工作期间并未从事其他工作，从事闪送员工作获取的报酬是其主要劳动收入，因此，法院认定闪送员与闪送平台间具有较强的从属性，应认定为劳动关系。与“闪送”案类似的是2020年8月商丘骑手送餐途中车祸去世案，骑手全职送餐且送餐收入为其主要生活来源，骑手接受平台管理。商丘市中级人民法院认为骑手与网络公司间存在经济从属性和人格从属性，判定双方成立劳动关系，认定骑手送餐过程中受伤死亡属于工伤。相比而言，如果网约工为兼职工作者，法院往往不倾向于认定为劳动关系。比如代驾司机案。法院认为代驾司机有选择做或不做业务的自由，其与平台间只是临时、松散的合作关系，不是管理与被管理的隶属关系，因而不宜认定为劳动关系。

3. 模糊处理，回避认定

如“郭灵迪诉河狸家、美睫师侵权案(2015.9)”，法院认为河狸家通过平台发布美甲师信息，由消费者选择美甲师并订购服务，河狸家在该类经营活动中获益。根据权利义务相一致原则，河狸家虽非直接侵权人，但未审核美睫师资质等信息，存在过错，法院酌情判定河狸家在30%的范围内对原告的损害后果承担补充赔偿责任。但因该案证据不足，法院并没进一步认定河狸家与美睫师之间是否存在雇佣关系。

4. 浅尝辄止，不继续深入

如“代驾司机撞倒骑车老伯案(2015.3)”，法院认为司机接受平台指令进行代驾，在工作时间内接受平台管理，根据平台制定的标准收取费用，对代驾费没有议价权，仅以付出的劳动获取相应报酬，法院判定代驾司机与亿心宜行公司之间存在雇佣关系。基于雇佣的法律规定，雇员在从事雇佣活动中致人损害的，代驾平台作为雇主应承担赔偿责任。在该案中,法院仅认定双方成立雇佣关系,代驾司机与代驾平台间是否存在劳动关系,法院没有进一步探讨。

5. 类似案件,判决迥异

同样是滴滴出行,法院判决出现很多个版本。

(1) 滴滴对第三方承担责任。2016 年 6 月 17 日,滴滴快车司机接单载客,乘客打开车后门时,刚好经过的自行车行驶人被撞伤,交管部门认定,司机负全责。法院认为,司机接受滴滴出行平台指派,履行滴滴与乘客间的客运合同,雇员履行职务过程中,致第三人损伤,滴滴作为雇主应承担侵权责任。除此之外,也有法院基于司机与平台间的挂靠关系,判定滴滴就损害赔偿承担连带责任(见江苏省常熟市人民法院〔2016〕苏 0581 民初 10221 号民事判决书)。

(2) 滴滴作为居间人,不承担责任。交通肇事案中,乘客乘坐滴滴顺风车,因司机操作失误出车祸而受伤。法院认为,小桔科技公司系滴滴出行 APP 运营商,负责发布信息,并就订单收取 5%或 10%的信息服务费。滴滴不对司机进行派单,司机自行接单。滴滴作为居间人,不应对事故承担责任,全部责任应由司机承担。类似居间人的判决很多,如西安市未央区人民法院〔2017〕陕 0112 民初 797 号民事判决书、北京市第一中级人民法院〔2018〕京 01 民终 3399 号民事判决书等。

(3) 滴滴不是居间人,但应承担社会责任。2017 年原告与被告滴滴公司、小桔公司、苏述勇等机动车交通事故责任纠纷案中,因两车车尾发生碰撞,原告在事故中受伤。法院认为,滴滴的行为已超越普通居间人的服务范围,不能简单地将滴滴所提供的服务定性为居间服务,对于大众信赖、具有较高使用度的一个服务平台,就其社会功能来说,应当承担一定的社会责任和社会义务,基于此,法院判决小桔公司(滴滴软件开发者)承担 20%的赔偿责任。

6. 实质审查用工协议

在这类判例中，双方虽签有合作协议，但法院会进行劳动关系实质审查，从而判定双方是否存在事实劳动关系。如“闪送”案、曹操专车案。在曹操专车案中，专车司机与浙江某人力资源公司签订劳务服务协议，与青岛吉利优行公司签订车辆使用协议，并注册成为曹操专车司机。法院认为，人力资源公司与司机间虽签有劳务服务协议，但协议实质为劳动合同，司机需遵守该公司规章制度，并接受公司管理和考核，因此，法院判定两者间存在劳动关系。

第三章　平台用工现实困境

一、平台用工混乱无序

平台用工最大的困扰就是很难知道网约工的雇主。比如，从表象上看，外卖送餐员穿着相同外卖品牌的衣服，骑着同样的摩托车，载着同样标志的送餐箱，很多人会误以为他们来自同一个用人单位。但实际上，他们的身份并不相同。网约车司机及其他新工种也是如此。这些网约工他们是谁？来自哪里？他们与平台之间是什么法律关系？由于劳动用工模式多样化，因此网约工与平台间的关系五花八门，可能是劳动关系、劳务关系、雇佣关系、外包关系、挂靠关系、劳务派遣关系等。由于当初立法的模糊设置，各种用工关系也并非泾渭分明。在平台用工中，利益相关者众多，许多社会力量卷入劳动关系的格局中来，成了新的主体。再加上在实际用工中，平台经营者往往刻意模糊劳动关系特征，或糅合其他用工关系，利用“四不像”关系来混淆是非，最后导致劳动关系的认定变得扑朔迷离，司法审判举棋不定。总体而言，当前用工混淆主要体现在以下几个方面：

（一）非全日制用工存在乱象

《劳动法》规定用工形式分为全日制和非全日制两种。非全日制用工，是指以小时计酬为主，劳动者在同一用人单位一般平均每日工作时间不超过 4 小时，每周工作时间累计不超过 24 小时的用工形式。

麦当劳、肯德基一直都是非全日制用工，其他如翻译、家教、家政服务人员等多为非全日制用工。在法律性质界定上，非全日制用工仍然是劳动关系，只是相较于标准劳动关系而言，它是一种去除了很多法律强制义务的简易劳动关系。非全日制与全日制用工的区别如下：

(1) 劳动合同。非全日制用工可以不签劳动合同，可以协商订立口头协议。全日制用工中，双方应签订劳动合同。用人单位超过一个月未与劳动者签订劳动合同的，应当向劳动者每月支付二倍的工资。

(2) 工时制度。非全日制劳动者在同一用人单位一般平均每日工作时间不超过 4 小时，每周工作时间累计不超过 24 小时。全日制用工中，劳动者每日工作时间不超过 8 小时，平均每周工作时间不超过 44 小时。

(3) 报酬结算。非全日制用工以小时计酬为主，劳动报酬结算支付周期最长不得超过 15 日。全日制用工劳动者工资按月支付。

(4) 社会保险。依据《中华人民共和国社会保险法》第 10 条、第 23 条规定，非全日制从业人员以个人身份参加基本养老和职工基本医疗保险。依据《非全日制用工意见》规定，用人单位应当按照国家有关规定为建立劳动关系的非全日制劳动者缴纳工伤保险费。另外，相关法律对非全日制用工失业保险没作规定，而在全日制劳动用工中，劳动者依法享受社会保险待遇。在“五险一金”中，养老保险、医疗保险和失业保险由企业和个人共同缴纳，工伤保险和生育保险完全由企业独自承担。

(5) 解雇保护。非全日制用工中双方可以随时终止合约，且用人单位不必向劳动者支付经济补偿金。而在全日制劳动用工中，用人单位非法定事由不得随意解聘劳动者，且在大多情况下须向劳动者支付经济补偿金。

当前平台用工中非全日制用工乱象主要表现如下。

1.签非全日制协议干全日制活

一些平台(用人单位)故意混淆视听,哄骗网约工签订“非全日制工”协议、劳务合同或“非全日制劳务合同”,却让他们干着全日制员工的活。不仅工资给的不足,有些时薪甚至低于当地最低工资标准,还不缴纳工伤保险,甚至连意外伤害险都没有。网约车领域这类现象较为普遍,典型案例如网约车司机案。周某入职某汽车租赁公司当网约车司机,后双方产生纠纷。公司声称周某为非全日劳动者,但周某有证据证明,其有时开几小时车,有时要连续开好几天车,工作时间远超过非全日制劳动工时,且周某报酬按月结算,不符合非全日制用工特征。最后法院依法认定周某与公司间存在全日制劳动关系。由该判例可以得知,非全日制用工一旦符合全日制用工特点,将依法认定为全日制劳动者,享受劳动法的全面保护。在平台用工中,网约工的工作时长难以统计,证据难以收集,判断非全日制用工较为困难。

2.兼职纠纷较多

上班族下班后,有些人会兼职开顺风车、当外卖骑手、当在线教师、做软件设计等。对于兼职问题,法律并不禁止,非全日制劳动者可以与一个或者一个以上用人单位签订劳动合同,只是要求劳动者后订立的劳动合同不影响先订立的劳动合同的履行即可。非全日制劳动者在兼职当网约工时,与兼职的第二份工作的用人单位可能成立劳务关系、承揽关系或非全日制劳动关系等。其他非劳动关系,在工伤认定方面几无争议,但如果第二份兼职工作仍然属于非全日制劳动用工,则工伤认定问题将成为难题。在我国社会保险中,工伤保险是唯一一个多重保险,其设计的目的在于最大限度分散用人单位用工风险。《实施〈中华人民共和国社会保险法〉若干规定》规定,职工(包括非全日制从业人员)在两个或者两个以上用人单位同时就业的,各用人单位应当分别为职工缴纳工伤保险费。发生工伤事故时,由职工受到伤害时工作的单位依法承担工伤保险责任。但实际上，很少有用人单位为兼职劳动者尤其是兼职网约工缴纳工伤保险。兼职期间一旦出现工伤事故，劳动者将难以维权。此外，兼职时劳动者的本职工作也可能不保。《劳动合同法》规定，对于兼职劳动者，用人单位可以单方面解除劳动合同，原因有两个，一是劳动者对完成本单位的工作任务造成严重影响；二是经用人单位提出，拒不改正。需要注意的是，解除劳动合同的前提必须是给用人单位造成"严重"影响，如果影响轻微，用人单位不能以此为由与劳动者解除合同。但实际上，怎样证明"严重"影响，将成为劳动者维权路上的一大障碍。

（二）众包身份定位不明

众包在外包模式基础上发展而来，众包即企业利用互联网直接将任务分配出去，无须承包公司参与，直接将业务外包给个人。如众包物流平台 APP"美团众包""达达骑手""蜂鸟众包"等通过招揽骑手完成即时配送任务。

众包这种新的雇佣形式缺乏适当的规范和法律框架。众包劳动者面临很多问题，如缺乏社会保障、缺乏倡议和共同决策权、缺乏组织归属感，众包具有很强的竞争性和可被替代性等。众包类网约工到底是谁的劳动者？其法律身份如何界定？学界争议较大。众包模式在欧洲被称为"平台资本主义"。Sarah Hughes 认为 APP 经济其实就是冠上了个新名字的旧酒装新壶，资本购买劳动力的实质仍然没变。刘皓琰认为，没有物质形态的工厂并不意味着没有工厂，众包实际上是一种隐蔽雇佣，即以一种表面关系掩盖真实的雇佣关系，是合法外衣下的隐性剥削。姜海斌认为，平台主业没变，平台与网约工仍为劳动关系。王天玉认为众包不具备劳动法所调整的"从属劳动"，不应纳入劳动法的调整范围。刘德良认为，仅为保护劳动者就强行认定为劳动关系的逻辑错误，一旦监管、社保责任加大，平台必定提高收费比例，网约工收入必将下降，"互联网+"发展必将停滞不前。林嘉、王天玉观点谨慎，认为"互联网+"劳动关系不应以传统劳动关系来调整，但也不能完全市场化，劳动法适用范围需作动态调整。张秋喜建议，双方可自由选择，即使建立劳动关系，平台也可用劳务派遣、非全日制用工降低用工成本和风险。吴克孟建议严格审查合同内容，若实质构成劳动关系，即使签订其他协议，也不予认定。还有学者突破传统，提出全新用工关系，如服务共享关系（薛兆丰）。崔永新认为众包是介于合同和组织之间的一种边缘化用工形态，于凤霞认为众包关系是一种“基于工作交易关系的劳动关系”。汉密尔顿建议推进劳动法现代化，无论通过在线或离线劳动，自雇劳动者都应被赋予独立劳动者资格并对其加以保护。但也有相反意见，认为网约工是独立自由职业者（梁燕玲）、自雇型劳动者（涂永前）或独立承包商（Benjamin Sachs）。

当前，对众包类网约工身份认定问题，各地司法实践并不统一。众包网约工可能与平台存在多种法律关系。

(1) 劳动关系。典型案例如“闪送”案。

(2) 居间关系。如北京市第三中级人民法院〔2018〕京 03 民终 11107 号判决。确定达达平台经营者为注册骑手提供的是居间服务，双方之间不存在劳动、劳务或雇佣关系。

(3) 仅仅排除劳动雇佣关系，但不指明具体是什么法律关系。如北京市海淀区人民法院〔2018〕京 0108 民初 30201 号判决。该判决认为达达平台经营者与注册骑手之间不存在劳动、劳务或雇佣关系，但并未明确双方之间的法律关系性质。

(4) 确认骑手与劳务公司构成劳务关系，如上海市第二中级人民法院〔2019〕沪 02 民终 26 号判决。确认美团众包平台经营者与注册骑手之间不存在应承担责任的法律关系，但是确认骑手与《劳务协议》中的某劳务公司之间构成劳务关系。依据美团众包《众包平台服务协议》第 3.1 条约定：众包平台作为服务平台，是为用户、劳务公司和众包员之间提供互通信息的平台。《劳务协议》列明：您正与上海正东人力资源有限公司通过本协议建立劳务关系，适用《合同法》《民法通则》和其他民事法律，不适用《劳动合同法》。法院根据上述协议认定骑手与美团众包平台之间不构成劳动关系，但与劳务公司之间构成劳务关系。

(5) 确认蜂鸟众包平台经营者与骑手构成劳务关系，如上海市第二中级人民法院〔2018〕沪02民终5147号判决。

(6) 确认蜂鸟众包平台经营者是骑手的用人单位，但未具体界定是劳务关系还是雇佣关系，如上海市虹口区人民法院〔2018〕沪0109民初4212号判决。

(7) 复杂的劳务派遣关系。2018年11月26日，消费者在饿了么平台点餐，因地址错误，骑手误以为消费者要弄自己，将消费者捅伤。事后，饿了么和点我达均推卸责任，否认骑手是其正式员工。原来，点我达骑手注册时，在线签署了两万多字的“点我达用户协议”，协议规定，骑手与点我达公司之间不存在劳动或者雇佣关系。骑手点击“同意本协议”即视为骑手已经同意和劳务公司即江苏省博尔捷人力资源管理咨询有限公司签订非全日制劳动合同。三方关系归纳起来，即骑手是劳务公司员工，被劳务公司派遣到点我达为饿了么进行送餐服务。实际上，不少点我达骑手根本不知道自己是在与劳务公司签订非全日制劳动合同，还以为是在与平台建立用工关系。事后，劳务公司也声称骑手故意伤人属于个人故意行为，与公司无关。不过，在媒体报道之后，点我达和劳务公司派人到医院看望了伤者，点我达平台支付了4.6万元医疗费。至于骑手的劳动关系如何界定，媒体没有进一步报道。

(三) 居间关系争议不断

很多平台坚信自己是中介机构，不应对网约工承担法律责任。《民法典》第961条规定：“中介合同是中介人向委托人报告订立合同的机会或者提供订立合同的媒介服务，委托人支付报酬的合同。”当前平台用工中，平台倾向于将自己定位为中介机构，即“网络服务提供者”。平台声称自己为用户和商户技术或信息服务，独立于任务发包方与接包方，是神经中枢，发挥着集聚信息、匹配供需、促进对接等功能。根据交易额收取信息服务费，平台解释说在平台上注册的网约工是其客户，平台与客户之间不是劳动、劳务、雇佣关系。平台为网约工与消费者牵线搭桥，并非两者间产品或服务交易的相对方，网约工报酬由消费者支付，网约工从平台获取的收益，不应当视为工资、薪金及劳务报酬或类似收入。平台、网约工与消费者三者的关系类似于“我搭台，你唱戏，吃瓜观众去买单”。平台声称，他们只是一个平台，不负责在平台上注册人员的其他任何事。网约工应自行或委托平台购买商业保险。平台无法控制网约工行为，因此，网约工遭受人身损害、财产损害的，或造成第三方人身损害、财产损害的，平台不承担任何责任。平台用工中居间关系判例较多，略举三种类型予以分析。

1. 网络美容类案例

比如河狸家的两个典型案例均定性为居间关系。一个案件为2015年9月郭灵迪诉河狸家、美睫师侵权案。在该案中，顾客通过河狸家公司APP，用手机预订了上门美睫服务，并支付服务费。次日，河狸家指派的美睫师到家提供上门服务。平台不收取美睫师交易的手续费，所有交易款项全为美睫师收入，平台也不对美睫师进行补贴，后因顾客眼睑红肿疼痛而引发纠纷。法院判决平台与美容师间是居间服务关系，认定平台存在信息披露不足问题，平台未对服务过程中使用的化学物质的潜在风险进行提示和告知，未审核美睫师资质，存在过错，法院认为现有证据不足以认定美睫师与河狸家存在雇佣关系。在该案中，平台信息披露义务不履行与美睫师侵权行为发生竞合，法院综合河狸家经营性质、过错程度以及其作为非直接侵权人地位，酌情判令河狸家在30%的范围内对顾客损害后果承担补充赔偿责任。

另一起案件为女子网约上门美容遭灼伤双眼案（2017年8月），平台在收到顾客在线支付的服务费后，扣除10元佣金，余款付给美容师。在认定平台与美容师法律关系时，法院也判定两者间为居间关系。考虑到平台事先做出更有利于消费者的承诺，保证对每一笔订单先行赔付，因此，法院判平台先履行承诺，待平台赔偿消费者八千余元后，可再向美容师另行追偿。

2.网络主播案

比如，“网红”主播请求与经纪公司确认劳动关系案（2017年2月）。在该案中，运营直播平台的经纪公司要求主播在某网站指定直播房间主播，对主播行为有一定的约束和管理。根据“主播经纪协议”，女主播的主要工作在其家中完成，无须到公司办公场所上班，亦无须遵守公司规章制度；每月支付主播保底收入5000元，主播通过观众赠送礼物、打赏等获得的收入，双方按三七开的比例分配。在认定双方法律关系时，法院判决：“主播经纪协议”系双方就开展演艺活动、提供经纪服务等民事活动的权利义务约定，并非劳动权利义务的约定，不符合劳动关系的特征。此外，观众赠送礼物、打赏等获得的收入，双方按三七开的比例分配，双方实际履行的权利义务不符合从属性特征，不能认定双方为劳动关系。并且，“主播经纪协议”对女主播的工作内容、双方权利义务、权利归属、合作费用、收益分配、违约责任、协议期限等进行了约定，双方并无订立劳动合同的明示或默示意愿，因此，不能认定两者间存在劳动关系。但该案也没有进一步认定到底是什么法律关系，只是单纯地排除了劳动关系。网络直播用工杂糅了自由与从属的部分特征，兼具居间合同与劳动合同的特征。与居间合同不同的是，网络演艺经纪合作协议中通常包含类似于劳动合同的条款，如最低薪酬保障、服从安排等，也有限定主播的工作选择（如独家表演，只能在指定的平台直播），限定主播的最低工作时限，并且经纪公司通过主播获得“合作”报酬具有持续性的特征。对约束力条款设置问题，沈建峰认为独家合作协议本质上属于约定的竞业限制协议。公司对网红培养付出较多，从投资回报、维护产业良性发展的角度看，该竞业限制约定有一定合理性。此外，主播与经纪公司（平台）间有部分居间合同特征，同时又与劳动关系存在不同之处。一般经纪公司不开展直播业务，而是与第三方如网站合作，为主播与第三方牵线搭桥。主播往往能够自主安排工作时间、地点、内容、频率等，同时，主播与运营直播平台的经纪公司之间又以分成形式分配经营收益，工资收入来源于被抽取提成后的粉丝打赏。从收益分配角度来看，两者间很难认定为劳动关系。对双方关系的定性问题，杨思斌认为应将其归类入新型用工关系中，因为主播在一定程度上具有类劳动者或者第三类劳动者色彩。从其他国家对类劳动者的立法来看，其在一定程度上可以适用劳动法的一些规则。这对于平衡主播和平台的关系具有一定启发意义。

3. 网约车司机案

无人身伤亡案，比如，网约车司机开顺风车送客途中，与一辆轿车发生交通事故，对方车辆维修费共计 7 万元，网约车司机被认定负全责。法院认为滴滴平台仅提供信息服务，对网约车司机无人身管理行为，在此事故中平台并无过错，因此，判平台不承担赔偿责任，维修费用由网约车司机全部承担。而在存在人身伤亡案中，平台是否担责争议较大，比如空姐被杀案。一名空姐在深夜使用滴滴软件，乘坐顺风车时被司机杀害身亡。那么顺风车司机与滴滴之间法律关系如何定性，平台是否应该担责，学者争议较大，各方观点归结起来分为三类：

其一是居间服务关系。认为滴滴提供的是代叫车服务，且滴滴只收取少量服务费用。如果判由滴滴来承担所有责任，明显权利义务不对等。

其二是雇佣关系。虽然乘客和司机都有选择权，但订单由平台指派，且乘客的选择也是基于对滴滴的信任而不是司机个人，因此，平台不仅仅只是提供信息服务，平台与网约车司机间应为雇佣关系，平台作为雇主应承担责任。

其三是劳动关系。滴滴与司机之间存在管理与被管理的用工关系，平台在进行信息披露时，有告知、指示行为，对网约工劳动具有一定控制力,滴滴通过顾客评价、其他奖惩机制等对司机进行劳动管理,对网约车司机有相当大的影响,对其服务或劳动有一定考核和管理作用。并且,平台提取超过20%的费用,另外还有其他信息费、管理费等名目繁多的费用提取,滴滴平台已经不是简单提供信息的中介,还参与了利润的分成。平台会对司机进行管理和约束、处理乘客的投诉等,有时还会扣司机的钱。平台收取的信息服务费远超正常的中介佣金,且平台对网约工有种种规则约束,这也与传统的居间存在冲击。平台实际上就是"凭借信息技术高效地捕获市场信号并组织生产活动攫取利润"[①],平台是受益人,受益人应对网约工承担相应的责任。基于权责利相一致原则,有学者认为,应判定平台与网约工成立劳动关系。

(四) 雇佣关系、劳动关系界限模糊

雇佣关系尽管在劳动用工的现实中大量存在,但可惜刚出台的《民法典》并没有涉及"雇佣合同"问题。最早提出雇佣概念的是2003年12月发布的《最高人民法院关于审理人身损害赔偿案件适用法律若干问题的解释》,即从事雇佣活动是指从事雇主授权或者指示范围内的生产经营活动或者其他劳务活动。此外,《最高人民法院关于适用〈中华人民共和国民事诉讼法〉若干问题的意见》第45条规定了雇主问题,即"个体工商户、农村承包经营户、合伙组织雇佣的人员在进行雇佣合同规定的生产经营活动中造成他人损害的,其雇主是当事人。"可见,雇佣关系中提供劳动力的一方必定是自然人,而雇主可能是个人、个体工商户、农村承包经营户、合伙人,也可能是其他企业和组织等。如个人聘请律师、摄像师等,企业聘请节假日临时促销员、雇用兼职会计、短期雇用专家顾问、专业技术人员等。当前平台用工中雇佣判例较多,如代驾司机撞倒骑车老伯案(2015.3)。

---

① 刘皓琰,李明.网络生产力下经济模式的劳动关系变化探析[J].经济学家,2017(12):33-41.

劳动关系是指用人单位与劳动者之间，依法所确立的劳动过程中的权利义务关系。在判断是否为劳动关系时，签有劳动合同的，则易于被认定为劳动关系，没有签订劳动合同的，则要判断双方是否存在事实劳动关系。事实劳动关系是指用人单位与劳动者未签订劳动合同，事实上劳动者在用人单位的管理下从事劳动，用人单位为其提供劳动报酬而形成的关系。判断事实劳动关系的依据是《关于确立劳动关系有关事项的通知》（劳社部发〔2005〕12 号），劳动关系判定标准为人格从属性、经济从属性、组织从属性标准，具体内容为：用人单位和劳动者符合法律、法规规定的主体资格；用人单位依法制定的各项劳动规章制度适用于劳动者，劳动者受用人单位的劳动管理，从事用人单位安排的有报酬的劳动；劳动者提供的劳动是用人单位业务的组成部分。

雇佣关系与劳动关系的区别主要有：

（1）法律地位不同。劳动契约具有显著的“伦理性”，即雇主对劳工负有保护义务，劳工对雇主则有忠实及服从义务。劳动法以形式平等、实质不平等的社会关系作为规范对象，往往采取分列式的倾斜立法模式，对处于弱势的劳动者进行倾斜保护，对强势主体即用人单位课以更重的义务。雇佣关系不具有伦理性，雇佣双方地位平等，法律不需要厚此薄彼。

（2）解雇设置不同。劳动法设有解雇保护制度，劳动合同实行法定解雇制度。用人单位只能在与劳动者协商一致或符合法定解除事由时，才能解除劳动关系。符合《劳动合同法》第 46 条情形之一的，用人单位还须向劳动者支付解除或终止劳动合同的经济补偿金。法律对雇佣关系的解除没有直接规定，对雇佣合同存续期限没有限定，对解除关系没有设定程序，双方协商一致可随时变更或解除雇佣合同，且不涉及经济补偿金问题。

（3）管理强弱不同。劳动关系中用人单位享有劳动力支配权，劳动者须遵守用人单位内部的规章制度，接受用人单位管理。而在雇佣关系中，雇主的规章制度对雇员不具有约束力。比如企业雇用的律师就不需要遵守企业的规章制度。雇员只需遵守雇主授权或在指示范围内从事生产经营活动或者其他劳务活动即可。

(4) 组织从属不同。劳动契约是基于共同事业目的的一种"人的组合"关系,在劳动关系中,劳动者应成为用人单位内部职工。雇佣则是纯粹的利益交换关系,雇员不必成为雇主组织成员。

(5) 经济从属不同。劳动关系中的劳动者一般不得兼职,劳动者的工资收入多为其经济来源。而雇佣关系中的雇员可身兼数职,雇佣报酬给付按合同约定执行。

(6) 工作持续时间不同。劳动关系中劳动者有长期、持续、稳定在用人单位工作的主观意图。雇佣关系中的雇员工作具有临时性。

(7) 劳动权益保障不同。劳动者享有最低工资保护权利,享有年休假及其他社会保障福利。而雇佣关系中的权利义务由双方协商,国家干预较少,雇主没有社保义务,也无须遵守最低工资标准。

从上述区别来看,雇佣关系与劳动关系似乎泾渭分明,但实际上两者界限并不清晰。雇佣关系与劳动关系从共性上来讲,都倾向于雇主责任。遵循"受其利者任其害,利之所在,损之所归"原则,"雇员在从事雇佣活动中致人损害的,雇主应当承担赔偿责任","雇员在从事雇佣活动中遭受人身损害,雇主应当承担赔偿责任。"[①]在劳动关系中,"用人单位的工作人员因执行工作任务造成他人损害的,由用人

---

① 《最高人民法院关于审理人身损害赔偿案件适用法律若干问题的解释》第 9 条:"雇员在从事雇佣活动中致人损害的,雇主应当承担赔偿责任;雇员因故意或者重大过失致人损害的,应当与雇主承担连带赔偿责任。雇主承担连带赔偿责任的,可以向雇员追偿。"第 11 条:"雇员在从事雇佣活动中遭受人身损害,雇主应当承担赔偿责任。雇佣关系以外的第三人造成雇员人身损害的,赔偿权利人可以请求第三人承担赔偿责任,也可以请求雇主承担赔偿责任,雇主承担赔偿责任后,可以向第三人追偿。雇员在从事雇佣活动中因安全生产事故遭受人身损害的,发包人、分包人知道或者应当知道接受发包或者分包业务的雇主没有相应资质或者安全生产条件的应当与雇主承担连带赔偿责任。"

单位承担侵权责任”[①]，属于工伤保险范围的，“按《工伤保险条例》的规定处理”[②]。

我国关于雇佣关系以及劳动关系的称谓，长期受到意识形态的影响，具有政治特性，雇佣劳动被认为与剥削紧密相连。这种原罪的看法在劳动合同立法中被人们重新提起。[③] 马克思在《资本论》中详细地分析了资本家是如何通过占有工人劳动所产生的剩余价值而对其进行剥削的——“工人超出必要劳动的界限做工的时间，虽然耗费工人的劳动，耗费劳动力，但并不为工人形成任何价值。这段时间形成剩余价值，剩余价值以从无生有的全部魅力引诱着资本家……只是从直接生产者身上、劳动者身上，榨取这种剩余劳动……”[④]雇佣和劳动讲的都是马克思所说的“雇佣劳动”，源于一种劳动与报酬的交换关系，两者只是从不同的视角进行的观察。雇佣劳动的成立，首先依赖于双方当事人在劳动力市场上的自由意志选择，即它发端于流通领域；雇佣劳动的实现则要依靠劳动的付出，即它实现在生产领域。雇佣关系强调流通领域的特点，劳动关系则强调生产领域的特点。[⑤] 雇佣关系着眼点在微观层次，只将关注的目光聚焦于劳动力支配权与劳动报酬交易的流通领域。当立法者的目光局限在交换领域时，劳动力交易中平等特点受到关注；当立法者的目光深入生产领域时，劳动者对于用人单位指挥管理的服从性导致劳动关系具有不平

---

① 《民法典》第 1191 条规定：“用人单位的工作人员因执行工作任务造成他人损害的，由用人单位承担侵权责任。用人单位承担侵权责任后，可以向有故意或者重大过失的工作人员追偿。”

② 《中华人民共和国关于审理人身损害赔偿案件适用法律若干问题的解释》第 12 条：“依法应当参加工伤保险统筹的用人单位的劳动者，因工伤事故遭受人身损害，劳动者或者其近亲属向人民法院起诉请求用人单位承担民事赔偿责任的，告知其按《工伤保险条例》的规定处理。因用人单位以外的第三者侵权造成劳动者身体损害，赔偿权利人请求第三人承担民事责任的，人民法院应予支持。”

③ 董保华. 雇佣、劳动立法的历史考量与现实分析[J]. 法学，2016(5)：13-23.

④ 厦门大学经济学系《资本论》教研室.《资本论》选读[M]. 厦门：厦门大学出版社，2000：158.

⑤ 同③.

等的特点会被发现。[①] 劳动关系在“抽象不平等”的观念下被强烈地要求国家管制，以实现与雇佣关系的区别。劳动契约源于雇佣契约，但超越雇佣契约（谢增毅）。“民法上关于雇佣合同的规定为一般规定，劳动法上关于劳动合同无特别规定时，适用民法上雇佣合同的规定。”[②]“与劳动法那种较为封闭的调整对象不同，雇佣关系的调整范围较为开放，受雇人因提供劳务而获得雇主支付的报酬，凡不能纳入劳动法范围的均可作为雇佣关系受到民法规范。这种并列关系既存在现实性也存在局限性。”[③]

雇佣关系与劳动关系在原生态上都是雇佣劳动产生的社会关系，但在进入两种法律体制调整后，依据不同的立法假设，产生了完全不同的效果，“这种‘一分为二’的双轨制存在着制度摩擦”[④]。同一个用人单位来了两个不同的打工者，一个被视为劳动者，适用劳动法，另一个被视为雇工，适用民法。两者同是劳动者，但是受法律保护的水平完全不同。为了逃避税收或少缴纳社保，一些企业以表象即雇佣关系掩盖真实的劳动关系，这就出现了“隐蔽劳动关系”。“在我国，以民事雇佣关系来掩盖真实劳动关系是一个值得关注的现象，建筑领域层层转包之所以流行，是因为有一部分原因是将社会法调整的劳动关系变形为民事雇佣关系。”[⑤]

当前平台用工，有些判例将网约工与平台间的关系定性为雇佣关系，对是否为劳动关系不予明确。但就劳动保护而言，仅仅认定为雇佣关系不足以保护网约工。雇佣关系是劳动关系的补充，从事雇佣工作的劳动者多属于社会弱势群体，法律没有规定其应该享有何种法定权利，权利义务的相关内容全靠双方合同约定。对雇员要不要进行法律保护，学界观点一分为二。一种观点认为不必要，“对于

① 董保华．雇佣、劳动立法的历史考量与现实分析[J]．法学，2016(5)：13-23．

② 彭万林．民法学[M]．北京：中国政法大学出版社，1999：730．

③ 同①．

④ 同①．

⑤ 同①．

一些临时性的雇佣活动，缴纳社会保险，合同解除经济补偿，书面合同等方面的规则完全没有适用的必要”[①]。另一种观点则认为有必要，但应限定范围。“对于某些特殊的雇佣关系，不宜一概交由民法调整，在涉及劳动基准的问题上，如最低工资，休息休假，工伤责任等方面，应遵循劳动法和劳动合同法的特殊规定。”[②]在法律没有对雇佣关系做出明确规定之前，本书认为应对弱势群体尤其是网约工类的雇工提供一定的法律帮助，政府可以提供雇佣合同文本等，以便网约工参考之用。

（五）劳务关系与雇佣关系、承揽关系逐渐趋同

劳务关系是指两个或两个以上的平等主体之间就劳务事项进行等价交换形成的权利义务关系，如临时的搬运工、按小时计酬的家政服务员、退休返聘等。对劳务关系的范围目前争议较大。《民法典》没有明确提及劳务合同，只是在第 1192 条提及个人之间形成劳务关系的人身损害赔偿问题。有学者认为，劳务承包类的合同可归入承揽合同，劳务人员输出的合同可比照租赁合同。也有学者认为“劳务关系涵盖雇佣关系、承揽关系等不同形式”[③]。我国当前立法明确提及劳务关系的情形较少，如退休返聘问题，依据《最高人民法院关于审理劳动争议案件适用法律若干问题的解释（三）》第 7 条规定，“用人单位与其招用的已经依法享受养老保险待遇或领取退休金的人员发生用工争议，向人民法院提起诉讼的，人民法院应当按劳务关系处理”。对在校学生利用业余时间勤工助学问题，依据《关于贯彻执行〈中华人民共和国劳动法〉若干问题的意见》第 12 条规定，不视为就业，其与用人单位之间通常也按劳务关系处理。此外，一些学者认为，发包方与承包方之间应属劳务关系（如农民工与包工头一般是雇

① 林嘉. 劳动法的原理、体系与问题[M]. 北京：法律出版社，2016：111.

② 冯浩. 劳动合同法重点讲义[M]. 北京：中国法制出版社，2018：27-28.

③ 同②，第 24 页.

佣关系)，在劳务派遣中，被派遣劳动者与用工单位之间按劳务关系处理。

“承揽合同是承揽人按照定作人的要求完成工作，交付工作成果，定作人支付报酬的合同”(《民法典》第 770 条)，如请人装修房屋、为学校定做校服、修理汽车、请人维护河道清洁等，承揽法律关系主体为定作人和承揽人，两者间法律地位平等。承揽人以自己的名义，以自己的技术、设备和劳动力“独立劳动”。定作人仅要求承揽人提供一定的劳动成果，定作人一般不插手干预承揽人的劳动过程。承揽的范围很广，如加工、定做、修理、复制、测试、检验等。承揽工作成果可以是有形的，如裁剪制作衣服，也可以是无形的，如测试仪器的运行情况；可以是体力劳动成果，也可以是脑力劳动成果。承揽费用给付一般按件计酬，定作人按约定的期限支付报酬。定作人与承揽人之间为非劳动关系，不涉及缴纳社保、最低工资保护等问题。定作人可以随时解除承揽合同，如果因解除合同给承揽人造成损失的，定作人应当赔偿损失。在责任承担方面，《民法典》第 1193 条规定:“承揽人在完成工作过程中造成第三人损害或者自己损害的，定作人不承担侵权责任。但是，定作人对定作、指示或者选任有过错的，应当承担相应的责任。”在平台用工中也有少数承揽关系的判例，如美团骑手案。恒海公司是与美团外卖合作的第三方公司，该公司没有与骑手签订书面劳动合同，也没有为其缴纳社会保险。骑手的职务是送餐，接美团订单后按地址送餐。仲裁委员会认为，骑手通过 APP 接单，无法证明其由恒海公司直接管理，无法证明其工资组成部分中含底薪和提成，工作时间也非正常标准工时，无有效证据证明双方存在事实劳动关系，因此，裁决双方间为自由约定达成的承揽合同关系。

劳务关系与承揽关系在平台用工中难以区分。传统理论认为承揽关系具有临时性、一次性特征，但现在平台用工中，有些网约工可能一直连续数年承揽某项业务，这样的合作关系还是不是承揽关系，是否等同于劳务关系，法律需要进一步明确。从工作形态上看，承揽一般要求呈现实物或出现某种实际效果，但平台用工中将工作任务的完成也看成是一种工作效果，比如网约送奶工送奶完毕、网约配送员配送服务完成等，这样就导致承揽关系与劳务关系的界限变得更加模糊。此外，雇佣关系与劳务关系区别并不明显，在立法上似有被劳务关系替代的倾向。近年来，我国立法一般不再提及雇佣关系。《民法典》只提及个人之间形成劳务关系的侵权赔偿问题①，对雇佣关系进行了回避。《关于审理劳动争议案件适用法律若干问题的解释(三)》也将退休返聘定性为劳务关系，“说明有关方面试图回避面对这类关系失范而带来的尴尬”②。

(六) 假外包、真派遣难辨别

劳务外包指企业将非核心的、次要的或辅助性的业务外包给专业服务机构，并向其支付报酬的经营模式。如京东将物流外包给顺丰、公司将安保业务外包。李亚娟认为，从市场主体的自由经营权角度来看，只要不违背国家法律规定，经营者对经营方式的创新都会得到法律和社会的认可，外包用工模式本身并不违法。“在劳务外包关系中，发包企业与外包企业之间是劳务承揽关系。发包企业是定作人，承包企业是承揽人，定作人和承揽人的员工之间并没有劳动法上的权利义务关系”③。发包企业与劳动者之间既不属于用人关系，也不属于用工关系。发包企业对劳动者没有用工管理权，承包企业使用多少劳动者、劳动者占整个项目总人数多少比例，法律并不干预。劳务外包在平台用工中普遍存在，比如，某骑手由广州某汽车租赁公

① 《民法典》第1192条：“个人之间形成劳务关系，提供劳务一方因劳务造成他人损害的，由接受劳务一方承担侵权责任。接受劳务一方承担侵权责任后，可以向有故意或者重大过失的提供劳务一方追偿。提供劳务一方因劳务受到损害的，根据双方各自的过错承担相应的责任。提供劳务期间，因第三人的行为造成提供劳务一方损害的，提供劳务一方有权请求第三人承担侵权责任，也有权请求接受劳务一方给予补偿。接受劳务一方补偿后，可以向第三人追偿。”

② 董保华．雇佣、劳动立法的历史考量与现实分析[J]．法学，2016(5)：13-23.

③ 冯浩：劳动合同法重点讲义[M]．北京：中国法制出版社，2018：206.

司招聘，为美团外卖平台提供送餐服务。这其中，发包方为美团，承包方为汽车租赁公司，两者间为劳务承揽关系即劳务外包关系，骑手与汽车租赁公司间存在劳动关系，与平台间不存在劳动关系。

劳务外包通常与劳务派遣相提并论，但实际上两者相差甚远：

(1) 合同标的不同。劳务外包中，发包方买的是“劳务”，发包方关注点是工作成果，不对提供服务的劳动者进行考核，只考核劳务完成质量，根据完成的工作量进行结算。劳务派遣中，用工单位购买的是“劳动力”，用工单位可以对劳动者的工作能力、工作业绩等进行考核，根据派遣人数、派遣时间和费用标准进行结算。

(2) 管理权不同。在劳务外包中，劳动者接受承包公司管理，发包方无权管理。在劳务派遣中，劳动者归用工单位管理，应遵守用工单位的规章制度。

(3) 工资支付不同。劳务外包中，承包方发放劳动者工资。劳务派遣中，劳动者工资由劳务派遣公司发放，实务中也存在用工单位依约向劳动者发放工资的情形。

(4) 资质要求不同。劳务外包中，对承包企业没有法定的资质要求。但在劳务派遣中，劳务派遣企业依法应具备劳务派遣资质。

(5) 法律关系不同。劳务外包中，发包方与承包方间为承揽关系，适用《民法典》合同篇及侵权责任篇的相关规定。劳务派遣中，劳务派遣公司与用工单位的关系是劳动力租赁合同关系，两者签订的是劳务派遣协议，劳务派遣适用《劳动法》《劳动合同法》《劳务派遣暂行规定》及《民法典》侵权责任篇的相关规定。

(6) 责任承担不同。在劳务外包中，劳动者对第三人侵权，由承包方承担侵权责任，发包方免责。而在劳务派遣中，依据《民法典》第1191条规定，“劳务派遣期间，被派遣的工作人员因执行工作任务造成他人损害的，由接受劳务派遣的用工单位承担侵权责任；劳务派遣单位有过错的，承担相应的责任”。

从理论上讲，劳务外包与劳务派遣似乎非常容易区分，但在实际中，两者极易混淆。由于《劳务派遣暂行规定》限定劳务派遣工用工比例，规定“用工单位应当严格控制劳务派遣用工数量，使用的被派遣劳动者数量不得超过其用工总量的10%”，为规避10%的“红线”，一些平台（企业）选择放弃劳务派遣用工，他们往往将生产线、物流等外包给第三方公司。外包能在短期内快速降低用工比例且容易操作，但事实上，这种操作只是在进行曲线迂回，平台（企业）的最终目的是借外包之名行劳务派遣之实。当前平台用工中，这种用工并不少见。平台将某项业务整体外包，将原来的劳务派遣网约工变成外包工。但为保证外包服务或产品质量，平台实际上又对外包网约工进行劳动管理，外包网约工实际上还是需要遵守平台规章制度、奖惩制度等，其工作内容和工作方式并没有发生实质性改变，劳动者名义上为外包工，但在实际中仍为劳务派遣工。这种操作被业界称为假外包，“假外包＝劳务派遣－用工单位义务”。通过假外包，发包方甩掉人事管理包袱，对劳动者不再承担劳务派遣的相关责任。一旦劳动者出现工伤事故，发包方无须承担赔偿责任。此外，在劳务外包中，承包方并没有最低注册资本要求，但在劳务派遣中，要求劳务派遣公司最低注册资本为200万元。承包公司良莠不齐，一些承包公司经济实力不够，一旦在劳务外包中，承包公司的劳动者出现工伤事故等，承包公司往往没有能力为劳动者担责，而想要发包企业承担责任，目前又缺少法律依据。尽管《劳务派遣暂行规定》第27条规定“用人单位以承揽、外包等名义，按劳务派遣用工形式使用劳动者的”按劳务派遣处理。但在实践操作中，想要证明发包方直接管理劳动者，却并非易事。

二、用户评价难保公正

当前，各大平台通过用户评价机制来考核网约工，但其设计的用户评价制度，由于设计粗略、片面，往往难以起到客观、公正的评价作用。用户满意度是“顾客预期、感知质量、感知价值之间相互比较和作用的结果”[①]，是用户“期望值与实际享受到服务的吻合程度或者是差异度，它并非一个绝对的数量”[②]。是否满意是一种主观评断，是心理状态，这种感觉因人而异。“公众认知、服务质量、服务价格、顾客忠诚”[③]，以及用户对时间的敏感程度、以往的配送遭遇等心理因素都会或多或少地影响用户满意度水平。因此，用户评价飘忽不定，很难把握。此外，即使用户存在过错，平台对“不良用户”也只是睁一只眼闭一眼。“网约工和平台之间存在着权利与义务的畸形关系”，平台对待用户和网约工显然是两套不同的标准，平台重视用户意见，对网约工不管不问。用户是稀有资源，是平台经过前期烧钱补贴才拉来的客源，用户可以使平台“日进斗金”，而网约工则不能，由于供大于求，平台随时随地可以补充劳动力，因此，平台并不珍惜网约工。平台为保住用户，对用户投诉极为宽容，平台无须花费精力来分辨投诉的真实性，也不必过问网约工是否存在客观原因，只要用户投诉，平台就会惩罚网约工。反过来，如果网约工遭遇用户蛮横不讲理的刁难，或用户自身原因导致错误，当网约工向平台反映情况时，平台往往漠视问题的存在，对网约工不予理会。此外，当前用户差评时，对网约工惩罚太重。用户评价在网约工薪酬考核中占据核心地位，用户评价直接与网约工业绩考核、级别晋升、工资待遇等挂钩，甚至直接点中网约工的“死穴”。在这种非邻近的低信任度的劳动关系中，声誉系统是最有效的控制机制。当前，平台用工中，用户在网页上对网约工的服务质量进行评价，这些评价将工作机会导流向“那些积累了大量好评的工人”。用户好评以积分形式体现，积分对网约工级别认定具有重大意义。比如在外卖领域，各大平台都有等级森严的晋升体系，如“饿了么”蜂鸟众包等级分为金牌蜂鸟、银牌蜂鸟、铜牌蜂

① 于晶，龙腾，刘吉成．电子商务物流配送顾客满意度评价系统分析与设计[J]．时代金融，2016，(14)：182-183.

② 刘宝东，袁象．O2O电子商务模式下物流服务的客户满意度影响因素研究[J]．企业技术开发，2016，35(23)：123-125，132.

③ 邓必年，覃慧．顺丰速递的客户满意度研究[J]．物流科技，2017，40(9)：57-60.

鸟、普通蜂鸟。百度外卖分为普通骑士、青铜骑士、白银骑士、黑金骑士、钻石骑士、圣骑士和最高阶神骑士。美团骑手等级分为普通骑手、铜牌骑手、银牌骑手、金牌骑手、钻石骑手。当好评积分累计达到一定数额时，即可晋升相应等级，如神骑士需要3000用户好评。网约工一般很在意客户好评，希望通过冲单拿到更高的奖励。网约工级别不同，奖金不同（如钻石骑手奖励280元），每单额外奖励不同（如金牌蜂鸟每单奖2元），等级特权也不同（级别高的骑手可以接到距离近、酬金高的单子，并且同时接单量相应增多）。相反，网约工如果收到差评或投诉，积分被扣，等级降低，网约工奖金、特权随之下调。网约车领域，比如，滴滴网约车设置"贡献分"评价机制。贡献分＝50％×服务分＋50％×出行分＋附加分，出行分又是由80.00保底分、时长分和调度分三部分组成。服务分由乘客给出，若有乘客恶意评价，则直接会降低司机服务分，而随着服务分的降低，系统派单率就会降低，司机接单量会减少，最终直接影响滴滴司机的总体收入。跑腿行业，"闪送""UU跑腿"服务分的高低取决于出勤天数、订单完成量和客户满意度三个指标。配送员服务分过低，可能失去平台派单的资格，最后被迫抢单。平台对用户评价过于重视，往往依据用户差评对网约工进行惩罚。差评罚款各平台规定不一，标准随意，罚款力度大且一次数罚。一次差评，罚款数额为20元、50元、100元、200元、300元、500元不等，"一个差评就可能让他们一周的劳动化为乌有"。"每单挣5块，限时30分钟，美团骑手差评一次罚款二三百元"，类似的新闻几乎天天报道。不仅罚钱，平台还要扣积分，并且差评达到一定数额还要对网约工进行重罚。如一个月3个差评，除罚150元外，还要扣除当月30％工资。此外，有些差评规定极其无理，如某平台规定，一个差评，没有评论时罚10元，有评论时罚20元。比差评更为严厉的就是客户投诉，一次投诉扣积分并罚500元、600元、1000元、2000元不等或直接辞退。相反，一个五星好评奖0.5元、0.8元、1.2元不等。"积分"虽然是平台设计的虚拟资产，但却是网约工通过优质服务得到用户好评才积攒起来的，对网约工意义重大。平台通过积分考核网约工,对积分较少的网约工进行惩罚。为了维持平台整体的好评率,平台会施压让网约工向用户索要五星好评,同时制定了详细的惩罚规则。比如,当网约工一个月好评数量不达标(如不够35%)时,网约工会被扣除部分工资,并且送单单价会被压低。由此可见,平台通过积分制度间接管控了网约工。

三、社会保障严重缺位

社会保险是劳动力再生产的客观需要,通常被称为“五险一金”,即养老保险、医疗保险、工伤保险、失业保险、生育保险及公积金。在当前平台用工中,工伤保险最受关注。工伤保险是指为因工致伤、病残或者死亡的劳动者及其亲属提供医疗救助、生活保障、经济补偿和职业康复等必要物质帮助的一种社会保险制度。《工伤保险条例》第2条规定:“中华人民共和国境内的企业、事业单位、社会团体、民办非企业单位、基金会、律师事务所、会计师事务所等组织和有雇工的个体工商户(以下称用人单位)应当依照本条例规定参加工伤保险,为本单位全部职工或者雇工(以下称职工)缴纳工伤保险费。”《工伤保险条例》第33条规定,“职工因工作遭受事故伤害或者患职业病需要暂停工作接受工伤医疗的,在停工留薪期内,原工资福利待遇不变,由所在单位按月支付。”工伤保险与一般的商业险种存在天壤之别。工伤保险属于强制保险,工伤保险完全由用人单位承担。人身意外伤害保险由劳动者独立支付。工伤保险的范围和力度都相对较大。工伤保险伤残评定可以覆盖商业保险,但商业保险却不能覆盖工伤保险。工伤保险的医疗费据实全额支付,而商业保险有最高限额限制,赔付金额预先确定。

工伤保险以劳动关系的存在为前提,这种捆绑设计,直接增大了平台使用非劳动关系网约工的道德风险。各大平台通过外包、众包、劳务派遣等形式隔离网约工,甩掉社保这个“烫手山芋”。而这些外包、劳务派遣等机构也往往因人力成本太高为由,不愿为网约工购买社保或其他商业保险。一些众包网约工由于没有用人单位，他们往往被视为灵活就业人员。《社会保险法》第58条规定“自愿参加社会保险的无雇工的个体工商户、未在用人单位参加社会保险的非全日制从业人员以及其他灵活就业人员，应当向社会保险经办机构申请办理社会保险登记”。非劳动关系下的灵活就业人员自己选择是否缴纳社保，并且，当前社保规定灵活就业人员可以参保养老和医疗保险，并没有提及工伤和失业保险。一些网约工也存在短视心理，尽管达达、美团众包等规定网约工当日接单需要购买3元/天的商业意外险，不接单则当日不用购买，但一些网约工仍然不愿意购买。此外，有些网络工存在认识错误，他们误以为在家乡参保的“新农合”“新农保”在人身意外伤害事故发生时可以报销医疗费用，但实际上并非如此。一些网约工频繁“跳槽”，流动性太大，他们担心如果购买某地的保险，当更换工作或工作跨区域时，转社保会带来麻烦。

工伤保险对网约工意义重大，但在实际中为网约工缴纳工伤保险的用人单位极少，至于其他险种如养老、医疗保险等就更微乎其微了。社会保险普遍缺位，网约工几近“裸奔”，这种社会现象亟待扭转。

第四章　平台用工法律规制困境

网约工工作自由，且薪酬高于一般制造业从业人员的薪酬，从表象来看，当网约工应为灵活就业之首选。但从深层次考虑，这种新兴劳动工种，游离于劳动法保护之外，貌似自由，实为“三无”人员，他们身份被“虚化”，社保被“悬空”，实为被法律“遗漏”的劳动群体，他们的劳动权益保障面临法律“盲点”，权利和义务不确定，债务、客户保护、监管、税收、社保、雇佣等方面的问题亟待解决。从劳动用工规范层面来看，当前平台用工面临以下法律困境。

一、劳动立法严重滞后

劳动关系理论确立于20世纪上半叶，在全球工业化时代的背景下，最典型的劳动者是工人，他们工作的场景是封闭的工厂。工人是贫穷的无产阶级，他们除了出卖自己的劳动力之外，再无其他谋生能力，工厂所发的工资是他们唯一的经济来源。工人在工厂进行集体劳动，接受劳动管理，在用人单位的生产经营体系中丧失了自主性，工作内容、时间、地点等基本由用人单位决定，即便是弹性、灵活的工作岗位，劳动者亦需遵守用人单位之规章制度，否则用人单位有权予以惩戒。为保护弱势群体，当时的劳动立法构建了系统的保障机制。

当前的平台用工突破了传统工种的时空限制，网约工不再像传统工厂集体劳动那样，他们不用固定在某一工作场所，等待指挥和命令。网约工可以直接通过订单指令进行劳动，不再处于“全日制的待命和工作状态”，他们可以全职也可以兼职，有权决定是否工作，以及自主决定工作的时间和地点、工作方式等。相比传统工人，他们拥有一定程度的自由决定权。网约工在经济上也具备了一定的实力，他们拥有劳动工具、生产装备等生产资料，不像传统工人那样必须借助企业提供的生产资料才能从事生产劳动，在经济依赖度上，网约工尤其是一些兼职网约工，平台接单收入并非唯一的经济来源。因此，“传统劳动关系的判断理论和方法在当今时代，尤其是网络时代不可避免地遭遇挑战”[①]。基于此，姜俊禄（2016）认为，“互联网＋”趋个体化，基于集体劳动、建立在工厂制基础上的劳动法已不再适用。

当前，判定劳动关系的依据是 2005 年的《关于确立劳动关系有关事项的通知》（以下简称《通知》）。该《通知》是部门规章，立法层次过低，并且距今已有 15 年，当时的立法背景以及经济形势如今已发生了翻天覆地的变化。传统劳动关系判定标准原本就很抽象，“劳动三从属性”的表述过于粗放，缺乏操作细则，诸如劳动者、用人单位概念，规章制度的概念、报酬、业务以及业务归属等都语焉不详，因此，《通知》内容存在先天不足。即使是传统集体工厂劳动，该判定标准都难以适用。现在，时过境迁，平台用工的特点前所未有，网约工组织从属性弱化，“为谁提供劳动”认定困难；“人格从属若即若离”，“接受谁的管理”难以界定；经济依赖减弱，“由谁支付报酬”不易判断。《通知》所规定的“劳动三从属性”标准已然难以涵盖平台用工的新特点。如果司法实践仍以落后的部门规章来规范全新的用工关系，这样做的后果无异于“盲人骑瞎马”，结果只能是“夜半临深池”。

针对平台用工，我国立法虽有新的尝试，但立法并没触及当前痛点，难以有效规制平台用工。2019 年 1 月 1 日起施行的《电子商务法》回避了法律关系认定的问题，该法第 9 条所述“电子商务经营者”在外延上涵盖了网约工，认定网约工是“通过电子商务平台提供服务”的自然人，并且，网约工适用登记豁免，即适用第 10 条“个人利用

① 谢增毅．互联网平台用工劳动关系认定[J]．社会科学文摘，2019(2)：77-79.

自己的技能从事依法无须取得许可的便民劳务活动和零星小额交易活动”,不需要进行登记。而对网约工与平台间的法律关系,该法第47条规定,“电子商务当事人订立和履行合同,适用本章和《中华人民共和国民法总则》《中华人民共和国合同法》《中华人民共和国电子签名法》等法律的规定”,这也就意味着平台与网约工可以自由选择法律关系,可能是劳动关系,也可能是非劳动关系的其他民事合同关系。比如,对于网约车司机与平台法律关系的认定方面,2016年出台了《网络预约出租汽车经营服务管理暂行办法》(以下简称《办法》)。该《办法》第18条规定,网约车平台与驾驶员根据工作时长、服务频次等特点签订多种形式的劳动合同或者协议。这意味着,在网约车领域,平台与网约车司机可以自由选择用工关系,至于签订何种协议,取决于网约车平台的管理需要。在“审慎包容”“宽容试错”的指导思想下,各地立法都较为宽松。如2018年7月18日实施的《广东省高级人民法院 广东省劳动人事争议仲裁委员会关于劳动人事争议仲裁与诉讼衔接若干意见》规定:“网络平台经营者与相关从业人员之间的用工关系性质,原则上按约定处理。如双方属于自负盈亏的承包关系或已订立经营合同、投资合同等,建立了风险共担、利益共享的分配机制的,不应认定双方存在劳动关系。实际履行与约定不一致或双方未约定的,以实际履行情况认定。”江苏省劳动人事争议仲裁委员会在2017年7月发布的庭审意见中,提出仲裁机构应当“综合考虑平台运营方式、对劳动者管理程度、收入分配方式、经营风险承担等因素,并明确指出仅发挥中介信息服务作用的平台与劳动者间的工作联系,不宜作为劳动关系处理”。上述弹性规定态度模棱两可,无疑给司法审判带来了极大的困惑。我国劳动立法亟须针对新业务新就业修复相关法条,为当前平台劳动者即网约工的身份定位指明方向。

二、劳动关系判定标准抽象模糊

（一）劳动关系等相关概念界定不明

对于当前劳动用工可能存在的法律关系，如劳动关系、劳务关系、雇佣关系、承揽关系、劳务派遣关系、外包关系、众包关系等法律定义界定不明，法律边界模糊不清。对劳动关系的定义，我国立法目前尚无明确表述。学界仍沿袭史尚宽先生近100年前的理论，认为"劳动法（亦称劳工法）上之劳动契约（Arbeitsvertrag）谓当事人之一方对于他方在从属的关系，提供其职业上之劳动力，而他方给付报酬之契约，乃为特种之雇佣契约，可称为从属的雇佣契约（Sogabhängiger Dienstvertrag）"[①]。对雇佣关系的定义，也只是在《关于审理人身损害赔偿案件适用法律若干问题的解释》中对"从事雇佣活动"这个词进行了粗略的解释，《民法典》在合同篇也予以了回避。劳务关系的定义也同样模糊不清，《民法典》只规定了个人之间形成劳务关系的侵权责任承担问题，至于劳务关系的内涵、特征以及判定标准等都没有在立法中进行详细规定。至于其他非劳动关系的界定面临同样的难题。不仅如此，各法律关系的判定标准及各法律关系的竞合问题等都处在立法真空地带。

当前，劳动立法对劳动用工仅采用简单的二分法，即劳动关系和非劳动关系。劳动关系受劳动法保护，而非劳动关系不受保护。法律厚此薄彼，给众多平台以可乘之机。在平台用工中，平台试图使用网络合同和发明新的术语来隐藏劳动关系，与网约工确立不需要遵守劳动基准的非劳动关系，以规避法律风险。在角色定位上，一些平台如物流平台故意模糊提供信息和提供配送服务之间的界限，"在信息服务商和物流服务商两个身份中偷换概念，打起擦边球"（秦春

---

① 史尚宽.债法各论[M].北京：中国政法大学出版社，2000：293.

城)。在工种设计上,平台利用网约工法律意识淡薄,设置不同的工种,这样就导致穿着同样一个平台工作服的网约工,实际上法律身份并不相同,所享受的法律保护也是千差万别。比如,美团外卖官网,其骑手有专送骑手、众包骑手和配送加盟类骑手。饿了么有自营配送团队、第三方加盟团队及社会化众包配送。蜂鸟配送为专送类骑手,蜂鸟众包则为众包类骑手。此外,平台对网约工在服务过程中产生的意外事故是否该承担责任,态度也是变化无常。比如,同样穿着“饿了么”工服,骑电动自行车的骑手赵某,将一名市民撞倒后,饿了么很快承认,该骑手为公司员工,事发时系从事职务行为,公司愿承担赔偿责任。而在另一起事故中,骑手秦某撞伤路人,平台却拒绝承担赔偿责任,平台解释说秦某是区域加盟商的员工,而拉扎斯网络科技(上海)有限公司是服务平台,为骑手和商户提供居间服务,平台与秦某之间没有雇佣及劳动关系。美团态度也一样,当骑手发生事故后,美团同样出面澄清,声称美团众包是为用户、劳务公司和众包员提供信息的平台,不参与任何实际交易,与众包员之间不存在任何劳动关系或劳务关系,所有用工风险应由劳务公司承担。平台能解释不同工种的不同待遇,但实际上,网约工在网签协议时,并不清楚自己是什么身份,是何种用工。平台在协议里提前内置了某些条款,比如设置网约工承认与某公司签约,以劳务派遣形式被派遣至平台,或协议约定某公司为承包方承揽平台外包业务,网约工与承包方建立劳动关系等。这些协议条款,网约工在签约时可能并不清楚,甚至根本没有看清条款,而这些默认的条款到最后竟然成了平台免责的“挡箭牌”。平台利用法律漏洞,刻意隔离网约工,任意“捏造”与网约工间的法律关系。这些做法极大地损害了网约工的劳动权益,劳动监管部门对此应予以高度重视,加强用工监管,及时遏制这些不良势头。

(二)“劳动三从属性”标准难以适用平台用工

平台与网约工间是否为劳动关系,这个问题是当前平台用工中绕不开的棘手难题。“由于平台用工的具体方式并不相同，加上劳动关系判断标准较为弹性，司法实践对平台用工劳动关系的认定并不统一。”①但总体而言，认定为劳动关系判例极少，认定为非劳动关系的居多。在司法实践中，各地法院仍分两步走，第一步进行形式审查，看合同，若双方签有劳动合同，则认定为劳动关系；第二步进行实质审查，看证据，判断是否为事实劳动关系。判断依据是2005年发布的《关于确立劳动关系有关事项的通知》，即“劳动三从属性”标准（人格从属性、组织从属性和经济从属性）。具体对应的法条为：“用人单位和劳动者符合法律、法规规定的主体资格”；“用人单位依法制定的各项劳动规章制度适用于劳动者，劳动者受用人单位的劳动管理，从事用人单位安排的有报酬的劳动”；“劳动者提供的劳动是用人单位业务的组成部分”。事实劳动关系的判定要求三个要件同时具备，缺少其中任何一项，将有可能认定不存在事实劳动关系。

遗憾的是，当前平台用工签订劳动合同的微乎其微，多数平台借助外包、众包、劳务派遣等“障眼法”绕开劳动关系。有些平台用工故意“缺斤少两”，即实际用工只具备其中一个或两个劳动属性，不完全具备“劳动三从属性”。此外，还有些平台制造“四不像”关系，即同时具备劳动关系和非劳动关系特征，那么这种平台用工又该如何处理？总体而言，当前平台用工关系更趋个体化，用工关系的主体、客体、内容均发生诸多变化，变量增多，判定事实用工关系更是难上加难。“劳动关系主体之间的从属性，在理论上看似是对这一关系界定的最好判断标准，但是一旦进入到了实务领域，这一标准就变得毫无实用性可言。”②在平台用工情况下，“劳动三从属性”面临以下挑战。

1. 组织从属性弱化，为谁提供劳动认定困难

谁是网约工的“东家”？怎样证明网约工是平台组织内部的“一

① 谢增毅. 互联网平台用工劳动关系认定[J]. 社会科学文摘，2019(2)：77-79.

② 郭准钊，刘延光. 英美法系中劳动关系界定及对我国的启示[J]. 法制与经济，2015(7)：62-63.

份子”?《关于确立劳动关系有关事项的通知》所规定的证据包括劳动合同、工资支付凭证或记录(职工工资发放花名册)、缴纳各项社会保险费的记录、工作证、服务证、招工招聘登记表、报名表、考勤记录、其他劳动者的证言等。这些证据在传统劳动用工中较容易收集,但在平台中或将难以再现。网约工证明自己员工身份面临以下难题:

其一,合同认定难。我国劳动立法强调书面劳动合同的象征性证据意义,因此,是否签有劳动合同是判断是否为劳动关系的关键证据。由于管理网络化,单向网上用工通知、录用通知书是否为劳动合同?准予接单是否等同于录用?电子合同是否应具备传统劳动合同所有的必要要素?合同的法律效力如何?

其二,考勤举证难。相比传统人事管理,平台用工中的人员管理相对松散,员工考勤普遍采用网上签到方式,一般没有纸质考勤卡。人际交流多通过电子信息手段,如电子邮件、手机短信、微博、微信、QQ 聊天记录、办公软件打卡等。这些电子考勤数据、电子考勤记录等很难被当作证据来认定。尽管《中华人民共和国民事诉讼法》明确规定电子数据与书证、物证、证人证言等并列作为证据类型,但是电子考勤数据难辨真伪,数据内容模棱两可,不像书证、视听证据那样明晰。电子数据难以保存,且数据资料的获取并非易事。当数据信息对平台不利时,平台完全可以以保护商业秘密为由不予提供,平台若解散微信群、清空数据,网约工将难以搜集证据。

其三,身份标志可能难以证明员工身份。在传统劳动关系中,劳动者的身份象征往往表现为工作服、工作标识等,但在平台用工中,这些身份标记可能失去身份标识作用。尽管网约工同样身着印有平台标志的工作服,驾驶印有平台标识的车辆,持有平台登记的编号或注册号,但由于网约工种类不同,其与平台间的法律关系可能并不完全相同。在司法判例中,这些表象并没有作为劳动关系判定的实质标准。比如美团骑手案中,法院认为这种表象只是美团品牌建设、推广的需要,不能据此得出骑手与美团平台存在劳动关系存在的结论。

其四，组织凝聚力趋弱。平台用工中，没有工会，集体活动很少，平台或其他用人单位组织涣散，凝聚力不强。劳动任务往往由个人承包，网约工间无须相互配合即可单独完成，因而网约工间几无交集，相互之间较为陌生，很难用其他劳动者证言来证明网约工组织成员身份。

其五，支付凭证难以证明工资属性。网约工劳动报酬多由客户支付，即使由平台（企业）支付，也很少以纸质工资条形式体现。微信、支付宝等支付的费用，很难界定是劳动关系中的工资或其他劳务报酬。

2.“人格从属若即若离”，“接受谁的管理”难以界定

“人格上的从属性，系劳动者自行决定之自由权的一种压抑”，“即等于是将劳工个人置于雇主之控制范围之内，并得支配劳工之人身、人格”（肖刚）。劳动管理表现在两个方面，一是间接与抽象管理，即用人单位依法制定的各项劳动规章制度适用于劳动者；二是直接与具体管理，即劳动者受用人单位的劳动管理，用人单位控制劳动者。平台用工中，网约工与平台间若即若离：不坐班，无固定场所，不考勤。人格从属性判断面临以下难题：

（1）间接与抽象管理方面，规章制度难以定性。“用人单位规章制度是用人单位内部的‘法律’，是用人单位行使自主管理权，调整劳动关系的准则。”[①]平台为提高服务质量、保证客户安全、保持竞争优势，对驾驶员、美容师、家政员、厨师、外卖骑手等进行标准化管理，并提出具体的管理要求，如统一着装、统一配置车辆、统一外送箱，按预设统一流程提供服务，按统一收费标准收费，统一语言规范等。这些规则，平台称之为使用条款、行为准则、服务规范或行业惯例等，如代驾类的安全驾驶条款、美容类的卫生保证条款。网约工在接入平台时与平台所签订的协议，平台设定的规则、服务规范等是否为劳动法

① 冯浩．劳动合同法重点讲义[M]．北京：中国法制出版社，2018：129.

意义上的规章制度？怎样判断其适用于网约工？这些具体问题很难解答。

（2）直接与具体管理方面，劳动管理很难界定。“劳动者受用人单位的劳动管理”指用人单位施加了“劳动用工”色彩的管理行为。传统劳动关系建立在集体化劳动基础之上，人格从属性强调劳务提供者在工作时间、工作地点、工作内容和具体履行方式方面都听从劳务受领者的指挥。平台用工中，平台对网约工工作时间和工作地点进行限制将变得没有意义，比如交通出行，平台就没必要要求网约车司机必须在固定时间、固定地点载客。平台完全可以通过其他技术手段，如大数据，通过测算在线网约车司机人数、各地交通拥堵现状等，通过定价机制，间接调控网约车司机的工作时间和工作量。平台用工中，业务通过订单形式分配，订单分配有抢单、派单、抢单＋派单等模式。不同的派单模式，平台介入交易的程度不同，平台对网约工的管理也不同。平台利用管理软件，在网页公告消息，或通过QQ、微信、视频会议等进行沟通，一般不需与网约工进行面对面接触，即可安排工作并控制工作进度。这些数字化管理方式，在一定程度上限制了网约工的灵活性，剥夺了自由决策权，但这种数字化管理是否等同于劳动管理很难断定。“虽然网络平台对服务提供者是否提供服务、服务时间、服务地点表面上减少控制了，但许多平台对服务提供者其他方面的控制和管理加强了。”[①]比如，手机定位、数字监控问题。此外，平台设置的消费者评价体系、积分管理、奖惩措施等也强化了劳动管理，但这些管理手段的性质到底如何界定，以及非劳动关系用工是否也可以采用此类管理手段，相关法律难以解答。

3. 经济依赖减弱，“由谁支付报酬”不易判断

经济从属性指劳动者为他人提供劳动，且该劳动报酬为其主要生活来源。平台用工中，劳动者接受用人单位指示付出劳动并换取

① 谢增毅. 互联网平台用工劳动关系认定[J]. 社会科学文摘，2019(2)：77-79.

报酬这一劳动关系的核心并没有发生动摇，但新出现的变化使经济从属性变得复杂起来：

（1）生产资料所有制多元化。传统劳动关系中，一般由用人单位提供劳动条件，如设备和劳动工具。而在平台用工中，网约工多自带劳动工具，如外卖骑手自备摩托车，网约家政员自备劳动工具，网约车司机自备车辆。从表象上看，平台似乎没有提供生产资料，但王全兴认为平台用工并“未改变劳动力与生产资料（劳动条件）相结合的本质”，只是结合方式发生了改变。平台虽不提供实物生产资料，但提供信息服务及订单生成、控制系统等，这些数据信息显然应归入生产资料行列。谢增毅认为网约工自带工具，是现代经济资源共享的重要体现，并不会影响从属性的实质。但这些观点无法解释所有类型的平台用工现象，比如众包类、外包类网约工等，这些网约工也同样借助平台提供的条件，但能否因此而判断所有网约工均与平台构成劳动关系？这些问题恐怕不能轻易作答。

（2）业务类型复杂多样，是否从属难以界定。劳动者所从事的业务是否为用人单位业务组成部分，这是判断经济从属性的重要标准。从当前实际来看，网约工业务来源主要有三种，即指派、竞争、混合型模式。“指派业务型”即客户将消费信息输入平台或平台收集信息后，指派给特定的网约工，该网约工根据指派信息提供服务。“竞争业务型”即客户将消费信息输入平台或平台收集消费信息后，将信息在网约工终端共享，由网约工选择是否提供服务或按时间先后、距离远近等进行抢单，由竞争优胜者提供服务。“混合业务型”即平台既有指派业务又有竞争业务，网约工在完成平台指派任务基础上，根据自身情况参与抢单。网约工通过这些途径获取的业务是否属于平台业务范围，这是对劳动关系定性考核的重要标准之一。平台对业务归属问题多倾向于否认，比如，美团等平台声称自己只提供信息服务，骑手从事的外卖配送、网约车司机从事的客运服务等不属于其业务范围。平台的说辞令人怀疑，在传统劳动关系下，业务范围包容性极强，比如，富士康主营业务是制造业，但其保安人员仍是其工作人员,安保业务完全可以纳入其业务范围之内。同理,平台虽提供信息服务,但其业务范围完全可以涵盖配送、客运服务等其他业务,提供软件或技术服务只是其获利的基础条件之一。平台限定网约工招聘条件、设置服务规范及价格机制、监管服务质量等,这些管理措施似乎又说明网约工并非毫不相关的人。此外,各行业业务分工日趋细化,业务外包、业务众包等业已成为常态,这又使得网约工业务归属问题变得更加扑朔迷离。

(3) 劳动报酬给付更加多元化。劳动报酬是否由用人单位定期持续给付,是判断劳动关系经济从属性的一个子标准。从当前平台用工来看,劳动报酬给付方面发生了以下变化:

首先,支付主体变化。传统劳动关系中,劳动者的工资往往由用人单位定期支付。但在平台用工中,网约工报酬不一定由平台支付。向网约工支付报酬可能存在三种情况,一由平台支付,即网约工提供服务后,用户将相关费用支付给平台,平台按即定比例如6%做了相应扣除之后,再返给网约工。二由消费者支付,即网约工提供服务之后,用户将费用直接支付给网约工,网约工再向平台支付部分信息服务费。三由网约工提前向平台提交一部分费用作为预付款,网约工完成订单任务后,消费者直接向网约工支付费用作为其报酬,平台则从事先预存的预付款中扣除相应费用。支付主体的多元化,导致劳动报酬属性难以判断。由消费者支付的费用是消费者给网约工的劳务报酬,还是平台支付给网约工的劳动工资?

其次,支付凭证表现不同。在传统劳动关系下,工资支付凭证一般记录在职工名册中,书面工资支付记录证明包括工资卡、工资存折、工资条等。但在平台用工中,劳动报酬由支付宝、微信等支付工具来代劳。支付手段的变化是否影响劳动关系的判定?另外,网约工报酬多少由业务量决定,且报酬不再按月定期支付,这些结算方式、支付周期和传统意义上的工资支付区别很大。这些变化是否足以影响劳动关系的实质?

再次,薪酬结构发生改变。传统劳动关系下薪酬结构多为"底薪

＋提成”，但在平台用工中，网约工往往采用计件工资制，多无底薪保底，且各行业并无统一标准，各用工主体均“自由发挥”。比如，外卖骑手模式分为四种：① 底薪＋提成（或业绩），如每月保底 600 单或每天保底抢 20 单，底薪 2800 元，超出部分，每单 3 元（或完成 600 单奖 300 元）；② 无底薪，每单有固定提成，如 5 元/单，或每天（每月）保底单量以内，每单提成 5 元；③ 无底薪，每单按阶梯计费。单量越大，每单抽成越高，如 100～300 单，3 元/单，300～450 单，5 元/单……650 单以上，8 元/单，超过 1000 单，超出部分每单提成 10 元；④ 平台抢单，商家根据距离自行设定送餐费。这种计酬主要针对众包模式，众包骑手通过平台抢单，无底薪，多劳多得，不劳不得。平台采用的计件工资制是否为非劳动关系的标志？有学者认为在传统劳动关系中，计件工资早已出现，并非新鲜事物，现在也有许多工厂对劳动关系中的劳动者采用计件工资制。此外，也有学者认为劳动者按比例参与分红，也不是非劳动关系的“专利”。在传统劳动关系中，劳动者的工资一般比较固定，工资变化不大。但即使如此，也存在一些按收入比例“提成”的做法，比如业务部门冲业绩，劳动者可在年终按既定比例提成拿奖金。平台用工中，按比例分成几乎成为行业惯例，如网络主播行业，平台和主播对打赏收益按三七比例分成。平台对网约车司机每单收益的 20％进行提成作为信息费，家政平台对网约家政员报酬的 5％进行提成等。平台之所以较多采用分成做法，主要原因在于这种薪酬分配比较符合平台运营模式。平台是一个虚拟的网络经营场所，平台运营几无成本，平台无须支付设备、原材料等成本，网约工服务价格可以量化，平台和网约工完全可以直接按收入的一定比例分成。谢增毅认为分成的做法并不改变劳动关系的本质。

最后，对单一用工主体经济依赖减弱。在传统劳动关系下，劳动者很少兼职。但在平台用工中，网约工兼职现象较为普遍，“斜杠青年”逐渐增多，比如众包骑手可以兼职当骑手，也可以下载多个平台 APP，或用多个手机或账户注册多家平台，从多个平台获取订单并提供服务。平台用工中，原来传统劳动关系下的劳动用工的稳定性和排他性发生改变。基于此，黎建飞(2016)认为传统劳动原则面临挑战，过去雇主、雇员“一对一”，而现在兼职普遍，“谁用工、谁负责”“谁的员工出事故谁买单”原则，在当下已不现实。此外，传统劳动法理论所认为的依赖关系似乎也发生了反转，比如，传统企业中劳动者依赖企业，而平台用工中，企业依赖劳动者(比如专业技术人才)而非劳动者依赖企业。

三、平台处罚权法律依据不明

“以罚代管”是当前各大平台常用的管理手段，网约工无论其与平台之间是劳动关系还是居间关系、雇佣关系、劳务关系、承揽关系等，均遭受着来自平台的各种名目的惩罚。比如外卖领域的超时罚款问题，根据“饿了么”的“准时达”规定，如果网约工延误时长超过15分钟，客户便可获得该笔订单总金额的30%作为赔偿。此外，网约工超时还会被平台罚100元、500元、1000元不等，如果因送餐延迟导致用户退款，网约工还要被扣200元。再比如未穿工作制服问题，网约工如果被平台监督管理人员拍到，将被罚100元。如果网约工不遵守离职规定，平台会扣发网约工劳动报酬，甚至将该网约工封号。平台除直接惩罚网约工之外，还对外包、劳务派遣等机构施加压力，比如，平台对代理商、各站点均有考核指标，要求各机构提前缴纳一定保证金。如果这些机构旗下的网约工达不到预定目标，平台则会扣掉相应的保证金。为避免遭受处罚，这些机构想当然地会把压力转移给所属的网约工，对其制定更为严苛的处罚措施。网约工承受着来自各方的压力，早已痛苦不堪。而当网约工对处罚不服诉至法院时，法院却往往以平台处罚属于内部管理问题不属于劳动争议案件为由，对网约工置之不理。那么，平台处罚是否属于内部管理问题，平台是否享有处罚权？如果真如法院所说，平台执行的是“家法”，那么“家法”当然不能与“国法”相抵触。平台的处罚权来自哪里，谁有资格设定罚款，这些都应该由法律授予而不能自我设定。从行政法角度分析，罚款是一种行政处罚，行政处罚由具有行政处罚权的行政机关在法定的职权范围内实施，平台作为一般民事主体，显然不能越权行使；从劳动法角度分析，劳动关系领域不宜适用“法无禁止即为权利”原则，该原则所指为“权利”而非“权力”，其适用对象为平等主体，而劳动关系中劳动者与用人单位地位并不平等，存在较强的人身依附性，并且平台处罚权所指为“权力”，处罚手段具有强制性，网约工即使心有不甘，也只能被动接受。因此，该原则不能说明平台处罚权的正当性；从民法角度分析，公民合法的私有财产不受侵犯，平台罚款克扣工资，侵犯了网约工财产权。由此可见，平台享有处罚权一说似乎难以服众。

企业处罚权的最初依据是 1982 年实施的《企业职工奖惩条例》，该条例于 2008 年被废止。现行《劳动法》《劳动合同法》均无明确法条授予企业处罚权。《劳动法》第 4 条规定“用人单位应当依法建立和完善规章制度，保障劳动者享有劳动权利和履行劳动义务”，但该法条极为简略，处罚权是否包括在规章制度中没有明示。处罚权如何“依法建立”，适用范围、罚款幅度、次数以及程序等没有细则规定。《劳动法》规定的处罚手段仅有解除劳动合同（劳动者违反规章制度或劳动合同）、按约定支付违约金，并未提及罚款处罚问题。由此可知，即使平台是网约工的用人单位，平台享有处罚权也于法无据。更何况，平台更多情况下宣称自己与网约工并未成立劳动关系，平台是否能对网约工施以处罚还犹未可知。

第五章　平台用工法律规制路径

当前，代驾司机、快递小哥、网约厨师、网约家政等网约工与平台间法律关系定位不明，司法审判无章可循。成千上万的非正规从业者几近“裸奔”，一旦他们在工作过程中出现伤亡事故，平台、外包方、代理商、加盟商、劳务派遣机构等推卸责任，网约工的劳动权益就无法得到保障。“有疾在腠理，不治将恐深”，随着平台经济向纵深发展，平台用工劳动纠纷将越来越多，为保障网约工劳动权益，我国政府应将网约工纳入“法网”，及时规范平台用工，为经济稳健有序发展保驾护航。

平台经济具有 W. Brian Arthur 所谓的“第二经济”的特征，即物理经济（第一经济）正变成数字业务：处理器、连接器、传感器、执行器和运行在其上的经济活动。倘若仍沿用针对第一经济的方式来管控平台经济，无异于盲人骑瞎马，因此，平台经济的监管亟待创新。同理，在平台经济背景下盛行的平台用工业已冲破传统劳动用工模式的束缚，平台用工的规制也需适时更新。政府如何规范平台用工关系？政府干预可解决劳资博弈信息不对称问题，但消极或过度监管均可陷入科斯“天堂谬误”：本意是纠正市场失灵，最终却导致了规制失灵。政府采取什么样的措施既“积极有为”又“灵活适度”，既能保护网约工，又不对平台经济造成重创，既能保证平台经济健康，又能促进其发展？这些问题如何应答，考量着政府的执政能力。本书秉承“包容性治理”理念，尝试探讨平台用工关系的规制路径，以期为政府决策提供参考。

一、强化国家对平台的监管

（一）遵循“劳企两利”原则，合理配置平台责任

《中华人民共和国国家安全法》第25条规定，国家有权“维护国家网络空间主权、安全和发展利益”。当前，一些拥有垄断地位的网络平台，自以为“大而不能倒、大而不能管”，为回报投资人，追求利润最大化，开始频频“割韭菜”。平台将网约工作为流量和估值的工具，“肆无忌惮地将法律漏洞利用到最大化”。平台刻意模糊劳动关系和其他法律关系的边界，炮制“四不像”劳动用工以混淆是非。平台声称自己与网约工之间不存在劳动关系，但同时又以劳动管理的方式管控网约工；平台一方面“洗白”自己，证明自己没有管理过网约工，但同时又假借消费者之手，通过用户评价方式来考核网约工，通过设置规则、积分制度等，对不符合要求的网约工进行惩罚。平台若即若离、忽远忽近，见利就上，见责任就躲。平台对网约工的客观需要、劳动处境及劳动保护等问题视而不见，把本该承担的社会责任抛弃在一旁。平台无所顾忌的做法，早已引起众愤，保护网约工、严管网络平台的民情呼声不容忽视。为遏制平台用工的“野蛮生长”，保护“身份不明”的网约工，政府不能再继续“养虎为患”，为规范平台用工，政府应有所作为。

首先，规范平台用工要解决平台是否应该担责问题。从平台的发展轨迹来看，如今的平台早已不再是简单的信息媒介，它已“枝繁叶茂”，甚至已长成“参天大树”。平台拥有的资源接入权已成为一种垄断权力，平台有选择权和准入权，市场主体没有讨价还价的实力，只能被动接受。在劳动用工方面，平台已具备一定的管理能力，平台享有规则制定权，可以通过直接或间接手段对网约工进行管控，平台甚至有能力渗入网约工劳动过程的各个环节。当平台“由信息中介

转而呈现越来越强的管理性”[①]，平台应负的社会责任逐渐加大，政府应“按照平台的控制能力确定平台的义务和责任”（石月）。

其次，从价值归属来看，平台并非公益性组织，网约工所创造的价值多半已被平台所独占，而非为全社会所共享，因此，根据“谁获益，谁担责”原则，平台理应承担与其收益相适应的责任。

再次，在明确平台担责基础之上，还需衡量责任大小问题。平台责任的“度”需要拿捏得当，既能保护劳动者权益，又能兼顾经济发展。政府应该清醒地认识到“经济发展不应以牺牲劳动者权益为代价”，绝不能让网约工成为“检验新业态发展成果的小白鼠”，应该明确网约工无论以什么方式劳动，都是劳动者，理应受到法律的尊重和保护。

最后，为保障经济向前发展，政府也需考虑平台的经营成本和抗压能力，考虑平台承担责任有没有技术上的可行性，有没有经济上的可承受性，不能让过重的责任成为压垮骆驼的最后一根稻草。基于此种理念，姜颖认为对平台用工进行法律定性时，要慎重认定劳动关系，如果强行认定所有平台用工均为劳动关系，则可能会对新业态带来毁灭性打击。从当前实践来看，平台因压力过大关门的例子已不鲜见，比如，2017 年 6 月朝阳法院审理确认 7 名厨师与“好厨师”平台存在劳动关系，并判决“好厨师”平台经营者支付网约厨师违法解除劳动关系的赔偿金。次年，即 2018 年 11 月 15 日“好厨师”下线停止运营。因此，为避免出现经济停滞或倒退，平台承担责任应合理有度。

（二）科学界定平台主体地位，合理配置平台法律义务

对平台主体责任问题，我国当前立法规定较为粗略。2019 年施行的《电子商务法》更多地将网络平台表述为信息中介角色，如该法

① 于莹．共享经济用工关系的认定及其法律规制：以认识当前“共享经济”的语域为起点[J]．华东政法大学学报，2018，21(3)：49-60．

第 9 条规定，“电子商务平台经营者，是指在电子商务中为交易双方或者多方提供网络经营场所、交易撮合、信息发布等服务，供交易双方或者多方独立开展交易活动的法人或者非法人组织”。虽然该法第 37 条规定平台可有自营业务，且电子商务平台经营者对其标记为自营的业务依法承担商品销售或服务提供者的民事责任，但对平台在劳动用工中的主体身份问题并没有提及，自然也不可能规定平台在劳动用工中承担的法律责任。相比而言，政府对平台主体责任问题关注则更多、更细。2019 年 7 月 17 日，国务院总理李克强主持召开国务院常务会议，会议指出平台经济“优结构、促升级、增就业”，为企业“减负”、为经济发展壮大提供了新动能。会议强调要“科学合理界定平台主体责任”，要包容审慎监管，应给予一定范围的政策容忍度和适当的试错空间以促进平台经济健康成长。此外，2019 年 8 月国务院办公厅印发《关于促进平台经济规范健康发展的指导意见》（以下简称《意见》），《意见》更明确地提出要切实保护平台经济参与者合法权益，明确平台在劳动者权益保护等方面的相应责任，《意见》还提出要分类量身定制适当的监管模式，避免用老办法管理新业态。

对平台用工立法一事，秦春城认为“法律要具备预见性和现实性”，立法部门不能对平台用工的现实回避和视而不见。作为生产关系的重要组成，劳动关系的选择、取舍关乎社稷民生，即使当前立法无法做到“一刀切”地将平台与网约工间法律关系定性为劳动关系，但最起码应对平台“加以功能性地规制”，根据平台类型分别设定责任规则和免责条件，以彰显社会公平与正义。从当前平台运营模式来看，平台应履行以下义务：

首先，平台应负资格审查义务。对网约工，平台应针对不同行业的网约工进行资格审查，比如对外卖骑手、网约厨师、网约美容师等进行身体健康审核，要求其出具相应的体检资料。对网约车司机，应审核其有无犯罪记录、有无网约车经营许可证。通过准入审查，可以从源头筛选网约工，保证网络接入的网约工的安全性。对合作机构，平台应审核其是否具备用人条件。从当前劳动用工现状来看，劳务派遣、第三方外包公司等往往被认定为网约工的“东家”，如果劳务派遣机构不具备劳务派遣资格，或外包公司没有营业执照，则网约工的劳动权益保障就会落空。为防止平台“一包了之”，立法应规定平台负有资格审查义务，若平台疏于审查，将相关业务外包给不具备用工资格的主体，则平台应承担连带责任。

其次，平台负有信息披露义务。平台应向劳动监管机构报送信息，搭建信用考核体系。朱晓进建议“建立网上巡查机制”，开设投诉渠道，发现网约工用工违法线索后，巡查机构应及时开展调查，对当前平台用工的重灾区如“不平等条款、以罚代管”等重点查处。平台应将劳动用工中存在严重违法行为的外包公司、劳务派遣机构、网约工等纳入监控范围，将失信者、违法者列入黑名单，并将相关信息反馈给劳动执法部门。

再次，平台应有社会责任感。平台有责任防范可能存在的事故伤害风险。2019 年 8 月超强台风“利奇马”席卷上海，当地一名外卖送餐员顶着台风、冒着大雨骑着电瓶车送外卖，由于道路积水过深，不慎触电身亡。事件发生以后，人们纷纷指责平台。平台在台风天仍然正常运营，强制外卖骑手送餐，禁止请假、旷工，对拒绝接单者予以重罚(罚 1000 元)，对旷工者罚 300 元。尽管在台风等极端坏天气下，外卖订单会下降，但平台认为别的平台没有停业，如果自己停业就可能吃亏。平台为了塑造风雨无阻随叫随到的企业形象，根本不顾网约工的生命安全。平台这种漠视生命的做法，不仅有失商业道德，更涉嫌违法。因此，为最大限度地保护网约工，法律应规定平台负有道德义务，以防范可能存在的事故伤害风险。平台的这种义务，并不以劳动关系存在为前提，即使平台与网约工未建立劳动关系，只是其他民事法律关系，平台也应具有起码的伦理道德。

最后，从长远来看，为规范平台运营，立法部门应加速制定有关网络交易平台提供者责任法，明确平台的经营者的法律性质，界定平台在各种网约工用工中的主体资格，明确平台与第三方外包公司、劳务派遣公司、众包网约工、雇佣网约工等劳动用工中的权利和义务，制定平台行为规范,明确平台的责任范围。在劳动立法尚未完善之前,有条件地让平台承担与其角色相适当的责任。

二、扩容劳动关系范围

(一) 扩容必要性

《劳动法》以及《劳动合同法》等,限于当时的立法环境,不可能预见到平台经济背景下的劳动用工,自然不可能将网约工纳入法律保护范围。近年来新颁布的法律,比如网约车新政,出于“让子弹再飞一会”的心态,对网约工劳动关系的认定也不可能做到“手起刀落”,反而“宽容试错”,让网约工与平台自由选择适用哪一种法律关系。立法的优柔寡断,使平台心存侥幸,平台利用劳动立法时间差,与网约工表面上签订非劳动合同,实际上却以劳动管理方式管控网约工,平台用工野蛮无序。为保护数千万网约工的劳动权益,我国劳动立法应将劳动关系适当扩容,将平台用工关系纳入劳动关系范畴,积极构建分层保护机制,完善平台监管措施,为规范平台用工提供法律依据。本书之所以倡导扩容劳动关系,主要基于以下考虑:

1. 社会保护的必要

当前,平台用工已成为社会主流,网约工数量庞大,已然形成一个新兴的劳动阶层,法律不应忽视这类群体的劳动保护问题。从网约工自身境遇来看,他们是需要保护的弱势群体。他们多半来自农村,年龄偏大、文化层次普遍不高、经济基础薄弱、欠缺其他专长、家庭负担过重。58 同城数据显示,88.6%的家政从业人员来自农村,高中及以上文化水平者仅占 14.1%,年龄普遍偏大。《2017 年滴滴出行平台就业研究报告》显示,137 万司机来自零就业家庭。饿了么蜂鸟配送《2018 外卖骑手群体洞察报告》显示,南京 76%的蜂鸟骑手来自农村,20%为 95 后,24%为大学生,骑手平均年龄约为 29 岁。美团点评研究院发布的《2018年外卖骑手群体研究报告》显示，84%的没有上过大学，31%的属于“去产能产业的工人”，超六成骑手已婚，且已婚者中，又有87%的已生育，且二胎比例达到32%。网约工群体，在国外多被认定为自雇劳动者或自由职业者，他们被假定有“足够的议价能力”，但实际上，这种假定有悖现实。从就业资源获取途径来看，网约工必须依赖平台订单才能从事劳动，一旦平台禁止接单，他们将难以生存。从谈判能力来看，网约工对平台设定的规则、提供的格式合同等，只能被动接受，不可能与平台平等协商，不仅如此，平台“店大欺客”，经常盘剥压榨网约工，网约工往往无力还击。因此，网约工虽然工作模式发生改变，但实际上，他们与传统劳动关系下的劳动者并没有太大区别，同样属于弱势群体。“对劳动关系的认定应该考察劳动法意图实现的目的以及意图保护的工人”(Chhabria)，网约工劳动权保护并不完全等于劳动关系的认定，而是寻求现有法律法规的支持。令人欣慰的是，近年来，我国司法审判已逐渐倾向于将网约工视为劳动关系下的劳动者，比如“闪送”案。国外的一些立法动向也释放出积极的信号，比如2019年9月13日消息，美国加州参议院通过《国民大会第5号法案》，禁止零工经济公司将灵活提供服务的人员作为外包工，这对平台“甩锅”行为无疑是一种谴责和打击。

2.提高忠诚度的需要

没有劳动关系保护，网约工对平台的忠诚度往往不高，对平台的长远发展也不会关心，对平台的声誉和品牌维护并不上心。由于没有劳动合同羁绊，网约工往往随意跳槽，那些精通业务的网约工不停流失，平台不得不不断招新，不断对新进网约工进行培训，这种恶性循环对平台的生存及发展极为不利。平台规避劳动关系，“从长期看会对公司的生产力和产出质量造成负面影响”(阿登纳基金会)。在平台“去劳动化”大潮下，也不乏少数有远见的平台，它们与网约工签订劳动合同，甚至主动将网约工转为正式劳动关系下的劳动者。事实证明，这些负责任的平台运营良好。因此，本书认为基于忠诚度考量，平台用工应回归到传统劳动关系。

3.劳动价值分配的需要

“马克思的劳动学说，主要表现在两个层面上，一是人类学意义上的生产劳动；二是政治经济学批判意义上的雇佣劳动。”[①]在解释生产性劳动时，马克思认为，创造价值的劳动主要指劳动者直接创造物质财富的生产性劳动，指人类劳动力在生理学意义上的脑力、体力的耗费。马克思最初从人与自然关系层面，提出一般生产劳动概念。他说：“实现在商品中的劳动……为生产劳动。”但他同时又指出该定义“对于资本主义生产过程绝对不够”。随后，他又从人与人的社会关系层面，提出了特殊生产劳动概念，他指出“工人和劳动产品之间的关系是……社会的、历史的生产关系”，且工人是“生产剩余价值的直接手段”，他认为“只有直接生产剩余价值的劳动才是生产劳动”。在解释什么是劳动时，马克思说“劳动力的使用就是劳动本身”，“马克思将劳动缩小在资本主义雇佣劳动制度下对劳资的权力关系界定：劳动者与资本家即雇佣劳动主的相互依存，前者被后者支配、统治和剥削关系。”[②]平台用工中网约工的劳动及价值创造等问题又该如何理解，这关乎网约工的劳动身份定位，以及劳动保护问题。台湾学者史尚宽认为，“广义的劳动，谓人间之有意识的且有一定目的之肉体的或精神的操作”，而在劳动法上，劳动是指劳动力所有者基于契约将其劳动力有偿提供给他人使用的活动。从哲学层面来分析，网约工是否创造价值？非生产性劳动价值争议由来已久。赞成方如骆晨（2015）认为，交换劳动产生价值，在服务过程中也有人类劳动的凝结，服务和商品一样都具有价值和使用价值，非生产性劳动也创造价值。否定方如李俊（2016）认为，价值创造的唯一源泉是生产性劳动，只有物质生产领域中制造有形产品的劳动才创造价值，而非物质

① 王海锋.马克思的劳动概念[J].东岳论丛，2010，31(1)：25-29.

② 何云峰，王绍梁.马克思劳动概念的两重维度及其辩证关系：兼析《资本论》中劳动辩证法的革命意义[J].马克思主义与现实(北京)，2019(02)：54-61.

生产领域中的劳动,不属于一般意义上的生产劳动,不创造价值。有学者建议:“在劳动形态发生重大变化,物化劳动比重大幅下降、服务性劳动不断提高的格局下,我们不可再拘泥于服务劳动是否凝结在物质产品中,是否有物质产品作为承担者,以此作为判断其是否创造价值的依据,而要与时俱进……服务劳动过程是创造价值的过程,这种价值既是凝结在其中的抽象劳动,也是它提供给服务接受者的效用。”[①]比如,骑手配送东西,从实质上讲,是发生在流通领域的运输劳动,而运输劳动对商品价值的实现极为重要。马克思说,“非占有者”需要“商品使用价值”[②],餐厅想要获取利润,必然要让渡外卖商品的使用价值,最后才能实现其价值。然而,物品的使用价值只是在物品的消费中实现,凝结在商品中的价值和剩余价值,“必须通过售卖,使商品转化为货币”[③]后,才能得以实现。因此,外卖商品必须全面转手。但是,外卖商品不会自己挪动位置,自动跳到消费者即需要使用价值的人手中,并且每个消费者也不可能都恰好生活在他所消费的所有商品的产出地,商品在空间上的流通即实际的移动,需要外卖骑手的劳动介入,因此,“运输成为一种追加的生产过程”[④]。因此,骑手的配送服务是一种生产性劳动。那么骑手的配送劳动是否生产剩余价值呢?在谈及运输劳动时,马克思“把运输业归类为连接生产领域和流通领域的桥梁,并把投入运输业的资本叫做生产资本”[⑤]。他认为,流通领域的运输劳动,与生产领域中发生的运输劳动一样,它的生产性质只是被流通的形式掩盖起来了”[⑥]。马克思解释道,这里所以产生迷误,是因为社会关系表现为物的形式。因为从物化劳动的

---

① 司汉武,王黎黎.从服务经济的拓展看劳动价值论的理论局限[J].科学经济社会,2011,29(3):53-57.

② 何小禾.资本论[M].重庆:重庆出版社,2018:17.

③ 同②,第299页.

④ 同②,第180页.

⑤ 刘伟.一本书读懂资本论[M].哈尔滨:黑龙江科学技术出版社,2012:128.

⑥ 中共中央马克思恩格斯列宁斯大林著作编译局.马克思恩格斯文集6资本论:第2卷[M].北京:人民出版社,2009:154.

角度来看，骑手配送即流通领域的运输，只是改变了外卖商品的地点，没有改变其形态，骑手在外卖商品形成过程中没有留下丝毫具体劳动的痕迹，因而，从表面上看，骑手配送仿佛不创造价值，但实际上，运输业中的生产资本，会随着运输工具的价值转移及运输劳动的价值追加，部分地把价值追加到所运输的产品中去。而后一种价值追加分为工资补偿和剩余价值。不支付骑手的运输费用，外卖商品的使用价值就不能最终实现。因此，骑手配送应是生产性劳动。配送所消耗的活劳动即骑手的劳动力能创造出新的价值和剩余价值。再比如网约医生（或护士）以活劳动形式提供使用价值，使患者（即劳动者）劳动能力恢复、改变形态或使劳动能力保持下去[①]，即保证劳动能力所有者"能够在同样的精力和健康条件下重复同样的过程"[②]，从而为社会创造更多财富。此外，从经济学视角来看，网约工是平台财富的重要来源。网约工按每单报酬的一定比例向平台上缴信息费，其劳动是平台创收的财富来源。网约工服务价廉、快捷、品质优，使平台得以持续生存与盈利。社群好评有利于聚集更多的消费群体，使平台在竞争中形成垄断优势，网约工对平台利润创造贡献巨大。综上所述，"从服务业的发展来说，后工业社会的到来改变了劳动形态和生产目的，但劳动的本质并没有改变，劳动仍然体现为人的一系列身体、神经、智力等活动，参与到资本生产过程中"。[③] 网约工从事的服务活动，仍然是一种劳动，而其劳动仍然创造某种效用或价值。

---

① 陈胜辉，李策划. 马克思主义政治经济学视阈下我国医疗问题研究[J]. 当代经济研究，2018(4)：30-38.

② 马克思，恩格斯. 马克思恩格斯全集：第 23 卷[M]. 中共中央马克思恩格斯列宁斯大林著作编译局，编译. 2 版. 北京：人民出版社，1995：194.

③ 顾江霞. 社会工作专业服务的从业者劳动过程分析[J]. 社会工作，2018(2)：55-62；111.

（二）劳动关系主体扩充建议

我国法律规定只有用人单位、劳动者"双适格"，此类社会关系才会纳入劳动法律调整的范畴。比如，2005年《关于确立劳动关系有关事项的通知》规定"用人单位和劳动者符合法律、法规规定的主体资格"。但该通知对劳动关系主体资格的判断没有详细规定，用人单位、劳动者定义不明，立法只做了有限的排除，凡不在列举之列的都不宜认定为劳动关系的主体。反观我国劳动立法历史，实际上劳动关系主体在不同的历史阶段范围并不相同。比如，1995年《劳动法》颁布时，公有制经济在国民经济中占主体地位，用人单位主要是公有制企业和少数引进的外资企业，这些企业一般规模较大。"当时对劳动者的描述很大程度上是基于这两类企业来进行的。"[①]在2007年《劳动合同法》颁布时，用人单位类型明显增多，我国劳动立法不得不扩大劳动法的适用范围。《劳动合同法》第2条规定用人单位包括"中华人民共和国境内的企业、个体经济组织、民办非企业单位等组织"。而"对雇员（劳动者）的范围，主要通过是否建立劳动关系而确定，并没有对雇员的范围作出特别的规定"。[②] 我们由此得知，立法需与时俱进，需根据社会现实做出适当的调整。因此，本书认为，在平台经济背景下，劳动用工已成为当前就业主流的情况下，适当扩容劳动关系的主体范围，将网约工纳入劳动关系调整范畴很有必要。此外，除网约工之外，还有其他相关主体也需纳入法律监管体系，比如平台、外包机构等。对于劳动关系的主体范围，我国当前法律只提及"用人单位""劳动者"以及在劳务派遣中出现的用工单位，其他主体均没有规定。在平台用工模式下，多种利益主体加入，劳动用工法律关系变得越来越复杂。"新职业类型的发展正在挑战甚至重新定义'雇主'、'雇员'和'公司'之类的传统词汇"（阿登纳基金会）。为规范平台用

① 董保华．雇佣、劳动立法的历史考量与现实分析[J]．法学，2016(5)：13-23.

② 谢增毅．劳动关系的内涵及雇员和雇主身份之认定[J]．比较法研究，2009(6)：74-83.

工，我国立法需要立足现实，将可能涉及劳动关系中的参与主体一并纳入法律调整范畴，并明确相关主体间的法律关系，唯有此，才能做到百密而无一疏，织就平台用工监管密网。当前可以根据现实需要，将以下两类主体纳入用人单位范围。

1. 自然人雇主

在平台用工中，自然人作为加盟商、代理商或外包机构、承包站点，雇用网约工从事配送等服务的现象极为普遍。对自然人招工问题，我国立法采用了二分法，当不存在劳动者伤害问题时，自然人与其雇用的劳动者之间往往被认为不存在劳动关系。依据《劳动合同法》第 2 条，“中华人民共和国境内的企业、个体经济组织、民办非企业单位等组织”是用人单位，自然人被排除在外。一般而言，自然人作为承包者，可以招工用人，但该自然人与所招之人不能形成稳定的劳动关系，只能形成雇佣关系或劳务关系。当存在劳动者受到伤害问题时，我国立法将该自然人招工视为非法招工，法律依据为《非法用工单位伤亡人员一次性赔偿办法》(以下简称《办法》)。该《办法》第 2 条规定，非法用工单位，包括无营业执照或者未经依法登记、备案的单位，因此，该自然人为非法用工主体。在劳动者损害赔偿方面，《劳动合同法》第 94 条规定，个人承包经营违反本法规定招用劳动者，给劳动者造成损害的，发包的组织与个人承包经营者承担连带赔偿责任。类似的立法还有涉及特殊领域的法律规定，比如，《关于确立劳动关系有关事项的通知》(劳社部发〔2005〕12 号)第 4 条规定：“建筑施工、矿山企业等用人单位将工程(业务)或经营权发包给不具备用工主体资格的组织或自然人，对该组织或自然人招用的劳动者，由具备用工主体资格的发包方承担用工主体责任。”《人力资源社会保障部关于执行〈工伤保险条例〉若干问题的意见》(人社部发〔2013〕34 号)第 7 条规定：“具备用工主体资格的承包单位违反法律、法规规定，将承包业务转包、分包给不具备用工主体资格的组织或者自然人，该组织或者自然人招用的劳动者从事承包业务时因工伤亡的，由该具备用工主体资格的承包单位承担用人单位依法应承担的工伤保险责任。”

对于自然人能否成为雇主，争论较多。反对方认为，“一方面，我国职业雇佣化程度非常低；另一方面，我国劳动法尚处于成长阶段，基本的雇佣关系，也就是规范企业与其雇员之间劳动关系的调整尚存在诸多瑕疵。在现阶段，将自然人作为劳动法上之雇主将使目前尚未成熟的劳动法理论更加难以应付”。① 如果将自然人纳入雇主范畴，则会扩大劳动关系的范围，而现行劳动立法缺少对自然人雇主责任的规定，势必导致很多劳动纠纷。况且，原有的劳务关系法律规定，可以解决自然人之间的雇佣问题，无须再将之提升到劳动关系高度。赞成方认为：“最佳的办法并非一概排除其雇主地位，而是在承认其雇主地位的同时，对中小企业和个体工商户实行某些优惠措施，以减轻其负担，鼓励此类雇主增加就业。”②

我国现行劳动立法难以应对自然人大量招工的现实问题，在平台用工大行其道的当前，立法空白亟待填补。自然人招工虽然在形式上不符合用人单位的条件，但有经营场所，有固定从业人员，实质上已经具有个体经济组织的特征。在实践中，网约工受该自然人管理和支配，双方之间的身份依附关系较为固定，符合劳动关系的特征。如果立法一概对该现象予以忽视，则会导致大量网约工劳动权益无法得到保障。实际上自然人被视为雇主，已有先例。在判断雇主身份时，以是否拥有指挥和控制的权力为标准，那么，以此为依据，自然人，甚至公司高管均可能被视为雇主。比如，美国在确定某一主体是否具有“雇主身份”时通常需要考虑以下因素：“1. 该主体是否享有雇佣和解雇雇员的权力；2. 该主体是否可对雇员进行工作安排或对雇佣状况进行监督和控制；3. 该主体是否享有确定工资支付比率

① 郑尚元. 劳动合同法的制度与理念[M]. 北京：中国政法大学出版社，2008：66.

② 谢增毅. 劳动关系的内涵及雇员和雇主身份之认定[J]. 比较法研究，2009(6)：74-83.

及方式的权力;4. 该主体是否保存雇佣记录。”[①]在美国,雇主不仅包括法人或企业,个人也可能被认定为具有雇主身份,从而承担雇主的责任。“雇主的个人责任可能产生于雇主在公司中所享有的所有者权益或对公司的日常经营活动所享有的有效控制权利”[②]。我国台湾所谓“劳动基准法”第2条第2款规定,“雇主谓雇用劳工之事业主、事业经营之负责人或代表事业主处理有关劳动事务之人。从该概念可以得知,不仅法人得为雇主,自然人亦得为雇主”[③]。“雇主”应包括那些虽然不拥有雇佣者公司的所有权权益,但可以有效支配公司的管理活动,或者为了公司的利益进行活动或有权利这样活动的人。公司对雇员的管理和控制事实上必须由个人来完成,个人、公司高管均可能被认定为雇主。针对当前平台用工中自然人招工比较普遍问题,本书认为网约工不应因自然人的非法用工行为而不受劳动法的保护,可以将自然人视为用人单位,以加大对网约工的保护。如果自然人招有帮工且雇工人数在七人以下,可以将该自然人视为个体工商户。如果自然人招有帮工且雇工人数在七人以上,可以将其视为企业。未来我国可以借鉴非全日制用工制度,赋予自然人在用工形式以及解除雇员上更大的自由权。

2. 平台雇主

梳理平台的发展过程,本书发现,当前平台的类型大体分为三类。

(1) 居间人。平台作为信息服务提供者,“向委托人提供订立合同的媒介服务”,“提代算法,实现信息匹配,起撮合交易作用”[④]。

(2) 介入者。这类平台介入交易,并为交易制定规则。外卖送

---

① 郭准钊,刘延光. 英美法系中劳动关系界定及对我国的启示[J]. 法制与经济,2015(7):62-63.

② 谢增毅. 劳动关系的内涵及雇员和雇主身份之认定[J]. 比较法研究,2009(6):74-83.

③ 同②.

④ 齐爱民,张哲. 共享经济发展中的法律问题研究[J]. 求是学刊,2018,45(2):97-108,173.

餐、同城速递、网络代驾、家政服务等行业的平台多为介入型平台。如滴滴出行设定服务价格,控制订单,培训网约车司机等。介入型平台自动将平台、网约工、客户三方关系切割成"平台—客户""平台—网约工"两种法律关系,通过非劳动关系合同将网约工隔离。

(3) 交易方。交易型平台兼具居间人、介入者两种身份,同时还呈现出自营商特征,平台拥有自营业务,通过直接或间接方式雇用劳动者。如滴滴快车和滴滴专车,平台提供运输车辆,雇用网约车司机从事经营活动。交易型平台与网约工所签合同种类很多,如劳动合同、服务协议等。

回顾平台的发展历程,平台对网约工的态度一直在发生改变,从最初提供信息到逐步收费,再到对网约工进行劳动管理,平台制定服务价格并控制网约工的工作,平台的"手"离网约工越来越近。但从法律关系视角来看,平台与网约工所签合同既有劳动合同又有服务协议,两者关系并无定式,往往飘忽不定。正如前文所述,如今平台用工,实体企业日渐遁形,用工主体日趋虚拟。原本拥有实体店面的企业,逐渐关闭线下业务,转战线上,并在线招揽网约工,通过 APP 派单从事经营活动。那么这些不具有物质外形的平台是否为"液态化的公司"?是否为网约工的用人单位?抑或是类似劳务派遣中的第三方主体"用工单位"?从当前的典型判例来看,将网络平台定性为用人单位的呼声越来越高。

在外卖领域,"闪送 "平台已被认定为"闪送员"的用人单位,该案必将为今后其他类似案件的审判提供指引。在网约车领域,平台是否为用人单位,学者们的观点也逐渐趋同。有学者认为"从网约车服务的对象,专车和司机的调度,价格变动,利益分成,发票出具等角度来看,滴滴平台才是网约车服务的合同相对人,其应当被认定为客运合同的承运人"①,网约车平台应视作运输服务提供方(侯登华,

① 侯登华.共享经济下网络平台的法律地位:以网约车为研究对象[J].政法论坛,2017,35(1):157-164.

2017)。网约车典型案例 Uber 案在各国的审判一波三折，虽然鲜有判例明确认定是劳动关系，但一些和解的判例仍然释放出了积极信号，即法院倾向于对网约车司机进行劳动法意义上的保护。有些法官认为 Uber 应定性为运输公司，Uber 并非只是销售软件，还提供出行服务。不是 Uber 在为司机工作，而是司机在为 Uber 工作，平台的投资人是唯一受益人。如果没有网约车司机的参与，Uber 恐难生存。基于上述分析，本书认为，不妨将网络平台纳入劳动用工法律关系主体中，以便为后续参与主体间的权利义务界定做好铺垫。

三、重构劳动关系判定标准

对平台用工法律关系定性问题，学者们做了多种设想。

一是创设全新的法律关系。姜颖认为平台用工适用劳动法或民法都不合适，应跳出传统劳动关系思维去认识它。当前的用工关系介于劳动关系与劳务关系之间，网约工虽有自由决策权，但同时又受平台管控，这种中间型劳动用工关系可以被认定为新型“类劳动关系”。

二是界定为非劳动关系，并给予适当保护。持此观点的学者认为非劳动关系仍然可以受到劳动法的保护，应将网约工“作为一个新的就业形式纳入劳动法的保障范围当中”，“将很多平台经济中的关系界定为非劳动关系，然后对此加以功能性的规制”[①]。

三是分类对待。朱晓进建议：“按群体施策，实行分类认定管理。对于依靠脑力劳动和特殊技能获得较高收入、更愿意以自由职业身份存在的人群和行业，可以参照民事合作关系予以认定。对于主要依靠体力劳动获取报酬、职业风险较高、平等协商能力较弱的，政府应通过完善劳动法或出台相关规定，强制要求确立劳动关系。”王军

① 丁晓东. 平台革命、零工经济与劳动法的新思维[J]. 环球法律评论，2018，40(4)：87-98.

认为应区分专职和兼职，进行分类管理。

我国劳动法律规定，在判定劳动关系时，有劳动合同的依劳动关系处理，没有劳动合同的，则根据《关于确立劳动关系有关事项的通知》（以下简称《通知》）来判断是否存在事实劳动关系。《通知》突出人格从属性、经济从属性、组织从属性“三从属性”同时具备，但《通知》所定劳动关系判断标准在平台用工中恐难继续适用。如前文所述，在平台经济背景下，劳动关系多元化，劳动“三从属性”往往残缺不全，如果继续要求“三从属性”缺一不可，则可能将大多数网约工排除在劳动关系保护之外。“目前，我国亟待解决的是平台型非标准就业等隐蔽性雇佣的劳动保护缺失问题，这是未来劳动力市场制度改革中须重点关注的领域。”[①]在劳动法律尚未大修之前，本书认为当务之急应更新劳动关系判断标准，结合平台用工实际，建议采用三分法对网约工进行差异化保护。

（一）劳动关系

劳动关系属于一种契约关系，但该契约关系并不等于一般的民事关系。契约自由不是一试就灵的万能药方，“在平等作为一种规范的前提下，我们不能无视现实中人与人之间的差异以及由差异所导致的不平等”[②]。马克思在《资本论》中描述劳动雇佣时曾说，劳动力的买和卖是在流通领域或商品交换领域内进行的，在流通中劳动力的卖者和买者双方貌似自由平等，而一旦离开这个领域，假象就暴露无遗。马克思还说，在劳动过程中，一个“雄心勃勃”，而另一个却“战战兢兢”。在劳动过程中，劳资双方处于不平衡状态，资方享有劳动力的使用权，对劳动者进行控制和压榨，这才是劳动关系有别于其他民事关系的根本所在。为矫正失衡的劳资关系，世界各国在立法上

① 王永洁．平台型非标准就业与劳动力市场规制[J]．北京工业大学学报（社会科学版），2020，20(3)：94-100.

② 田雷．契约抑或身份？：劳动法在20世纪美国的兴起与衰落[J]．开放时代，2017(6)：56-67.

对劳动者进行倾斜保护。既然劳动者没有足够的议价能力，只得将工作的控制权拱手让与雇主（以此换取未来经济状况的改善），那么相应地，“法律则要求雇主提供最低水平的经济和人身安全保障”[①]。

在平台用工中，平台与网约工真正签订劳动用工合同的数量较少，多数为“隐蔽劳动关系”，劳动关系的核心要素即劳动者对于用人单位的隶属性，并未因互联网因素的介入而发生根本变化。在认定双方法律关系时，已有法院改变审判思路，并非只看合同表面，而是对用工合同进行实质性审查。虽然平台与网约工所签合同为劳务合同、合作合同或其他非劳动合同，但从民法角度来看，双方只要不存在意思表示不真实、不自由的证据，所签合同当属有效，并且从劳动法角度考虑，劳动关系是否成立应属法定范畴，不应由双方自由决定。如若劳动领域允许意思自治，那么平台就可以通过外包、众包及其他“花哨”做法来掩盖其真实的雇主身份，通过“隐蔽性雇佣”，达到追求轻资产、不养人、逃避社会责任的目的。因此，判断平台与网约工间的用工关系，不仅要关注双方所签的书面合同，更要审查合同中双方权利义务以及实际履行情况。随着科技的发展，平台对网约工的管控方式更加隐蔽和复杂，如果平台以一种与网约工的独立身份不相符的方式指挥并监督其工作，制定各种规则，通过培训、派单、定位、签到等对网约工进行实质上的管理，并通过用户评价、限时送达、催单、罚款等方式要求网约工保证服务质量，网约工接受平台考勤、奖惩等制度约束，那么平台与网约工间用工关系就更应定性为劳动关系，双方的权利义务配置就应按照劳动法律的规定来执行。

当前，对用工合同进行实质性审查的典型案例值得推崇，比如“好厨师”案。网约厨师与“好厨师”平台签订合作协议，在合作协议中，“好厨师”特别强调了双方合作的性质，“双方确认并强调，本协议系商务合作协议，无须接受甲方管理，双方不存在任何人身隶属关

① 赛思・D. 哈瑞斯，汪雨蕙. 美国“零工经济”中的从业者、保障和福利[J]. 环球法律评论，2018，40(4)：7-37.

系，乙方为劳务成果承担相应的责任，乙方同意接受双方之间的法律关系不直接或间接构成劳动关系”。但是法院在审理案件时，却发现一些条款明显带有管控色彩。比如，“乙方如未能按时抵达客户要求的服务地点，或服务不能令客户满意而遭到客户投诉的，则甲方有权对乙方进行计分式惩戒，客户差评或投诉计分到达一定数量的，则甲方有权解除与乙方的合作关系并要求乙方赔偿相应损失……乙方如违反甲方规定，擅自向预约客户变更服务价格的，甲方有权立即解除与乙方的合作关系并要求乙方赔偿相应损失”。基于此，法院认为，“好厨师”对网约厨师进行指派、调度及奖惩等，按月发放较为固定的报酬，网约厨师接受“好厨师”平台管理，在指定的工作地点，从事该平台安排的有报酬的劳动，双方符合有关法律法规规定的用人单位和劳动者的主体资格。法院认为，双方签订的“合作协议”虽名为“合作协议”，但实则为劳动合同，最后，法院判定网约厨师与“好厨师”平台之间存在劳动关系。

实质性审查重点考察劳动用工是否符合劳动关系特征，即是否存在人格从属性、经济从属性和组织从属性。但实际上当前平台用工，真正具备劳动“三从属性”且能轻易判断的数量较少，那么，针对这种情况，我们应该如何应对？当前学者们的建议大致分为两种：

一是变通现实标准，进行综合考量。比如，丁兆增认为不能再囿于必须在固定场所、固定时段提供劳动的标准，要从本质上进行分析，如果用人单位对劳动者进行实质上的管理，劳动者接受用人单位的考勤、奖惩等制度的约束，劳动者的劳动过程或成果构成用人单位生产经营的组成部分，就应当认定为劳动关系。有学者建议借鉴国外综合因素标准，比如借鉴“控制标准”“组织标准”“风险标准”等理论，综合考虑各种因素判断雇员的身份与劳动法的适用性。[①] 英国的“风险标准”主要内容为：“如果雇主承担风险，则主张权利者将视为雇员，否则不被视为雇员。”“风险标准”中判断雇员的核心要素是“某

① 周尊. 加强企业集团资金集中管理的探讨[J]. 经济论坛，2014(3)：145-146，167.

人是否为了自身从事业务”[①]。英国的“风险标准”体现了“利之所生，损之所归”的社会规则，为判断雇主是否担责提供了解题思路。美国劳工部采取的是“经济现实标准”，该标准判断雇员身份时通常综合考虑的因素包括：① 受雇主控制的程度；② 雇员对设备和材料投资的程度；③ 雇员分享利润和分担损失的机会；④ 工作所需要的技术的程度；⑤ 双方关系的持续时间；⑥ 雇员所提供的服务作为雇主业务不可分割的一部分的程度。[②] 美国“经济现实标准”考虑了更多细节信息，有利于我们开拓思维，值得借鉴。

二是考察核心要件，忽略非核心要件。对平台用工劳动关系的认定，林嘉(2016)建议不需要具备所有从属性，只需选择最主要因素综合判断控制紧密度即可。谢增毅认为判断雇员身份的主要标准是人身依赖性而非经济依赖性。“目前比较可行的办法是由最高人民法院通过司法解释规则对劳动关系进行界定，对劳动关系可以进行概括式界定，突出人格从属性，同时列明判定劳动关系需要考虑的主要因素。”[③]沈剑峰认为“如果企业对网约工有较强管理色彩、严格制度要求的用工形态，这种情况下，则可以认定网约工和企业间存在劳动关系”。只要平台基于自身利益进行管理(刘德良，2015)，进行日常考勤、业绩考核(王阳，2015)，约定底薪、全勤奖、上线在岗时间、办理社保(吴丽萍，2016)，双方就构成劳动关系。至于平台管控的主要手段——用户评价是否为劳动管理，学者们建议谨慎考量，因为“劳动关系中评分管控是对过去工作报酬的控制和对未来劳动关系存在与否的双重控制”[④]。

上述两种建议，本书认同第二种观点，即将人格属性作为核心标

---

① 郭准钊，刘延光．英美法系中劳动关系界定及对我国的启示[J]．法制与经济，2015(7)：62.

② 同①.

③ 谢增毅．互联网平台用工劳动关系认定[J]．社会科学文摘，2019(2)：77-79.

④ 彭倩文，曹大友．是劳动关系还是劳务关系？——以滴滴出行为例解析中国情境下互联网约租车平台的雇佣关系[J]．中国人力资源开发，2016(2)：93-97.

准来判断劳动关系，符合我国当前平台用工实际。平台用工多采用隐蔽方式，多数平台通过制度设计刻意规避了劳动关系，如果我们仍然沿用传统的“三从属性”标准，或采用纷繁复杂的综合标准，无疑会增加网约工劳动关系认定难度，这无异于“作茧自缚”，因此，本书认为应尽量简化标准，以便更快更多地保护网约工的劳动权益。实际上近一两年，有些地方的法院已转变思路，化繁为简，只要网约工具备人格从属性和经济从属性两个要素，就判定网约工与平台的劳动关系成立，比如2020年报道的河南商丘外卖骑手案。在该案中，经济从属性的判断也简便易行，只要网约工从该平台获取的收益为其唯一的经济来源，即可认定双方存在经济从属性。期待更多的法院立足实际，开拓创新，简化劳动关系认定标准，以便让网约工的合法权益得到更多的保障。

（二）类雇员

网约车司机、外卖骑手、网约保洁、网约厨师等，他们大多都是众包类网约工。众包以劳务为标的，网约工以接单方式承接劳务，并在劳务完成后获取相应的报酬。按传统劳动“三从属性”标准，众包类网约工与众包平台间的法律关系很难被认定为劳动关系。在人格从属性方面，网约工自行抢单，并非绝对服从平台安排。但从劳动过程来看，网约工又似乎时常受到网络平台的控制，比如服务规则、订单下达、过程监控等。在经济从属性方面，一部分众包类网约工经济来源依赖平台，平台是其唯一的经济来源，另一部分众包类网约工则为兼职，经济来源并不完全依赖众包平台。在组织从属性方面，众包类网约工基本不与任何主体签约，不属于任何组织的内部成员。但从业务来源来看，众包类网约工又与众包平台存在着“无法割舍”的关系，网约工倾向于选择已积累信誉评分值比较高的平台继续工作，一般不会轻易转移到对自己评分不高的平台，平台借助积分制“制造”了劳动者对平台强有效的依附关系。

总体而言，众包类网约工与平台间的法律关系，貌似劳务关系，但又不是典型的劳务关系，因为其中还掺杂着劳动管理的成分，又兼具劳动关系的某些特征。这种类型的网约工虽不像劳动关系那样“融为一体”，但也形成了一定的结合关系，使得平台用工成为介于独立劳动与从属劳动之间的一种劳动形态（王天玉）。这类法律关系夹杂在独立劳动与从属劳动间的“灰色地带”，要想认定网约工的法律身份，无异于让法官“手握一个方形钉子，却要在两个圆孔间做出选择”，纠结和无奈可想而知。从严格意义上讲，众包类劳动者无法纳入劳动法调整范围，但如果纳入民法范畴，民法所能提供的劳动保障又不足以保护众包类网约工，最低工资、加班待遇、休息休假、经济补偿、劳动关系解除保护、社会保险等劳动法律保障，众包网约工都无法享受。当前，我国立法没有确立弹性劳动用工关系及区别对待制度（李雄，2016），为进一步规范模糊不清的劳动关系，可以将劳动用工分出“多个层次的梯级缓冲带”，并对平台用工实行差异化保护，以“实现灵活用工的标准化”。应考虑对人格从属性较弱但经济从属性较强的劳动者予以劳动法方面的倾斜保护。[①] 欠缺组织从属性是当前众包用工的常态，但这不能成为将网约工排除在法律保护之外的正当理由。因为组织从属性可被人格及经济从属性吸收，“企业的组织化只是将雇主对劳动者的直接指挥转变为组织化的指令”，属于“人格从属性”的一部分，“并且劳动者相互之间的协作关系与判断劳动关系之间并无直接关系”[②]。

可将此类众包网约工纳入“新增的中间类型主体的保护范围”[③]，借鉴国外类雇员做法给予其适当保护。“它只是现有分类制度的补

① 于秋霞.共享经济下劳动关系的认定困境及其路径选择[J].企业改革与管理，2020(4)：103-104.

② 王天玉.基于互联网平台提供劳务的劳动关系认定：以“e代驾”在京、沪、穗三地法院的判决为切入点[J].法学，2016(6)：50-60.

③ 李梦琴，谭建伟，吴雄.共享经济模式下的共享型用工关系研究进展与启示[J].中国人力资源开发，2018，35(8)：105-115.

充,并没有影响雇主在各类别之间套利的能力”[①],也不对现有劳动关系、劳务关系、承揽关系、劳务派遣关系等法律体系带来不利影响。实际上,类雇员制度在多国劳动法律中均有体现。在德国,劳动者分为雇员、类雇员以及自雇者。类雇员指“那些具有经济从属性而且像雇员一样需要倾斜保护的人”[②]。在美国相似的劳动者被称为“依赖型承揽人”,在英国被称为非雇员工人,在日本,被称为“契约劳动者”,即超过企业雇佣范围,以承包、委托的形式从事劳动的人。在加拿大将雇员和独立承揽人之间的中间体称为依赖型承包人,“其在集体劳动关系中享有集体劳动权,这一概念使加拿大零工经济从业者以劳动者的身份得到了一定程度的保护”[③]。

本书认为将众包类网约工纳入类雇员进行保护,首先,要解决经济依赖型众包网约工的判断标准问题。对标准的设定,黄乐平建议“综合考虑网约工是否完全依赖于平台才能接活,获取报酬;给予的收入是否是网约工最主要的收入来源等多种因素。”李彦认为应“尝试引入推定条款,创建多元化指标”[④],本书认为具体可以从工作持续性和收入占比综合衡量。在时间要求方面,该网约工应与“平台公司保持有一定期限的用工关系”[⑤],时间应比非全日制用工要长,比如每天工作时间在四个小时以上;在收入占比方面,该网约工为一个平台工作,且其收入全部或一半来自该平台。在身份认证方面,可采用个人申报登记办法或借鉴 MBO Partners(美国职业咨询机构的名字)的

---

① 戴安娜·马尔卡希.零工经济[M].陈桂芳,译.北京:中信出版社,2017:215.

② 于莹.共享经济用工关系的认定及其法律规制:以认识当前“共享经济”的语域为起点[J].华东政法大学学报,2018,21(3):49-60.

③ 肖竹.第三类劳动者的理论反思与替代路径[J].环球法律评论,2018,40(6):79-100.

④ 李彦.“互联网+”模式下我国劳动关系认定规则的反思与完善[J].法制与社会,2018(26):53-54,65.

⑤ 于秋霞.共享经济下劳动关系的认定困境及其路径选择[J].企业改革与管理,2020(4):103-104.

认证制度，由劳动主管部门认证为“类雇员”，一期认证三年，期满可续期。其次，要制定保护措施，可将劳动法作为“工具箱”，从中抽取出一些制度，对类雇员进行兜底保护，比如最低工资标准、最高工时限制、最高订单限制及工伤保险等，通过这些制度设计可以解决当前众包类网约工所遭遇的“痛点”。

（三）自由职业者

本书前面已经将工作时长大于4小时/天，且绝大部分经济收入来源于平台的众包类网约工，视为类雇员进行保护。那么，那些工作时长少于4小时/天，收入并不依赖平台的网约工，本书建议将其列为自由职业者进行区别对待。自由职业者是指区别于个体和私营企业主，不依附于任何组织或机构，不与任何单位建立劳动关系，通过提供服务性劳动获取收入的劳动者。自由职业者“像U盘式地生存在这个平台上”(朱明跃)，他们通过众包平台，承接业务，“已经从少数、另类的代名词，变得越来越平常”[①]。自由职业者相比类雇员而言，基本不具备人格从属性、经济从属性和组织从属性。他们有的本身有本职工作，只是利用业余时间兼职取酬。有的本身没有本职工作，只是偶尔利用空闲时间兼职赚钱补贴家用。比如滴滴旗下出租车司机中有50%的司机每天工作时长不超过2小时，其订单总量仅为出租车客运量20%。这类自由职业者“收入不稳定、保障不稳定、不能形成长期规划、社会认同较低”[②]。

对自由职业者的法律救助，本书认为可以从两个方面着手，一是提供法律服务，二是降低社保费用。在法律服务方面，可以借鉴劳务资源平台 Work Market 的经验，由政府组建“云端自由职业者管理系统”。在劳务支付方面，政府所建平台“扮演资金托管的角色——雇

① 唐玮婕. 不再朝九晚五，自由职业风生水起[N]. 文汇报，2017-06-10(006).

② 尹泽轩. 自由高收入/不稳定不规律/孤独焦虑?:2019 自由职业者生存发展报告[J]. 国家治理，2019(8):9-15.

主需要先把费用打到平台，活动完成后，平台会负责把钱给到自由职业者”。[①] 在人才推荐方面，政府主办的平台可对自由职业者进行职称评审，并优先将优秀劳动者向外界推荐。在社保缴纳方面，考虑到自由职业者收入的特殊性，可适当降低养老保险、医疗保险的费用，鼓励自由职业者购买人身意外伤害险，以备不时之需。

四、制定行业标准

由于平台用工合同签订不规范，多数网约工并不知道自己真正的“东家”，一旦遭遇劳动纠纷，网约工往往只能被动挨打。一些平台为快速和网约工“一刀两断”，甚至封停网约工账号，导致网约工再也无法接单谋生。出现劳动纠纷，网约工该告谁？该向何处申冤？由于网约工法律身份不明，他们很难诉至劳动监察部门或劳动争议调解委员会等进行维权。“生活靠一单单跑出来”，处于社会最底层的网约工屡遭不公平对待，却无处申冤，这不得不让人感到心寒和遗憾。所有经营方式的创新都需要有法律制度的及时跟进，在法律更新“青黄不接”之时，本书认为行业管理不失为一个很好的办法。为保护广大网约工劳工群体，我国应尝试组建行业协会，加快制定行业标准，并重点解决以下突出问题：

（一）明确处罚程序

从实际情况来看，在平台经济背景下，规则的制定权可能正在从政府手中转移至平台以及支撑平台的算法手中。平台“一手遮天”，在制定提成比例、服务标准、奖惩规定等关乎网约工切身利益的规则时，往往“一手操办”。网约工没有组建工会或职代会，总体上一盘散沙，根本不可能参与平台规则制定。当非常重要的游戏规则都由平

① 张小平．自由职业者的平台化生存[J]．国际公关，2017(1)：12.

台所有者以毫无异议的方式制定时，平台的规则公平性与合理性等问题就有待考量了。事实上，平台制定的处罚规则饱受质疑。比如用户差评、投诉罚款、超时罚款等，网约工常被处以1000元、2000元不等的罚款，罚款额度甚至超过网约工单月收入的20％，网约工一天的辛劳因细小失误瞬间化为乌有。令人遗憾的是，我国立法对平台处罚权以及处罚幅度没有涉及，目前的劳动法律只明确规定了劳动关系下的工资处罚幅度，如《工资支付暂行规定》明确指出，处罚的先决条件是“劳动者本人原因给用人单位造成经济损失”，且“每月扣除的部分不得超过劳动者当月工资的20％。若扣除后的剩余工资部分低于当地月最低工资标准，则按最低工资标准支付”。但此规定是否适用于平台用工以及非劳动关系用工则无从得知。

至于规则的制定程序，我国《劳动合同法》对用人单位制定、修改劳动规章制度规定了较为详细的程序，该法第4条规定，“用人单位应当依法建立和完善劳动规章制度，保障劳动者享有劳动权利、履行劳动义务。用人单位在制定、修改或者决定有关劳动报酬、工作时间、休息休假、劳动安全卫生、保险福利、职工培训、劳动纪律以及劳动定额管理等直接涉及劳动者切身利益的规章制度或者重大事项时，应当经职工代表大会或者全体职工讨论，提出方案和意见，与工会或者职工代表平等协商确定”。在规章制度和重大事项决定实施过程中，工会或者职工认为不适当的，有权向用人单位提出，通过协商予以修改完善。用人单位应当将直接涉及劳动者切身利益的规章制度和重大事项决定公示，或者告知劳动者。《劳动合同法》的规定适用于劳动关系，在目前网约工身份不明的情况下，其是否同样适用于平台用工法律关系中，似乎难有肯定答案。在当前平台用工中，平台制定、修改规则应该履行什么程序？《电子商务法》第34条规定，“电子商务平台经营者修改平台服务协议和交易规则，应当在其首页显著位置公开征求意见，采取合理措施确保有关各方面能够及时充分表达意见。修改内容应当至少在实施前七日予以公示”。《电子商务法》的规定较为粗略，平台向谁征求意见，采取什么措施，以及如何公示，都有待进一步明确。

平台有无处罚权，处罚幅度应限定在多大范围内，以及平台制定这些关乎网约工切身利益的规则时该遵守什么程序，这些问题如不解决，就根本谈不上网约工保护问题。基于此，本书认为，我国立法应明确规定，平台在制定规则时，无论其与网约工之间是否存在劳动关系，都应该遵守相应的程序。只有制定程序合法，内容合法，合理且经过公示的规则才具有法律效力。为吸纳网约工意见，吕国泉建议各地“采取职工企业外入会、网上申请入会”等方式拓宽网约工加入工会的途径，上海等地的工会建设已走在全国前列，值得各地借鉴。上海推行联合工会，建立区域性、行业性工会，以期达到“两次覆盖”目的。联合工会涉及的网约工包括六大新型就业群体，如配送网约工、网约家政员等。上海市普陀区成立了全国首个网约送餐行业工会联合会。若工会已组建成功，可由工会代表网约工“民意”，参与平台规则的制定。在工会尚未建立之前，也可创设弱势方的参与机制，考虑到网约工人数众多，平台管理可以创建“劳资共决制”，无论采用何种用工模式，一旦平台旗下各类网约工人数超过200，平台拟定规章制度的表决应有网约工代表参与。平台应征求网约工代表意见，并保证至少80%的网约工同意方可通过该项规则。罚款额度应与网约工过错挂钩，不能仅凭用户评价一家之言就对网约工进行处罚。用户评价规则应加以完善，需要“通过一系列指标体系来客观真实地反馈客户体验”①，可“从服务的可得性，可靠性，人员的沟通性”②进行考虑，可参照“8个维度，15个指标”③来加

① 谢鹏. 客户满意度与物流企业[J]. 现代经济信息，2017，(16)：106.

② 刘宝东，袁象. O2O电子商务模式下物流服务的客户满意度影响因素研究[J]. 企业技术开发，2016，35(23)：123-125，132.

③ 李洁. 基于用户满意度的电子商务物流配送质量评价研究[J]. 物流科技，2017，40(4)：51-56.

以完善。在处罚程序上应给予网约工申诉机会，以便查清主观原因和客观原因。处罚的幅度应根据经济损失大小来定，规定损失达到处罚的程度和处罚幅度等，但处罚幅度应小于该网约工当天收入的20%。另外，平台在制定规则后，应向网约工公示，未经公示的规则，不具有法律约束力。

（二）制定合同模板

平台拥有强大的管理团队和律师团队，有能力“精心设计”电子用工合同，平台完全有可能一手操办并在合同中预先“埋雷”，以便最大限度地减轻或免除自身责任。由于字体很小，页数较多，网约工在签订电子合同时，多半不会逐条阅读，基本上只按指示翻页，并最终点击“我同意”。至于合同中是否涉及劳动用工性质、工时限制、加班费、解除合同限制、经济补偿等事宜，以及合同条款是否合理等问题，鲜有网约工提出质疑。近年来，平台格式合同坑人的例子频频被报道。有的平台预先在合同中设置条款，或将网约工设置为某劳务派遣公司员工，或外包公司员工，而网约工一直被蒙在鼓里，还天真地以为自己是平台的员工，直到他们发生意外伤害事故向平台维权而平台推卸责任时，他们才恍然大悟，原来自己跟平台之间没有“一毛钱”关系。

平台用工合同陷阱多，风险如何防范？从我国当前立法来看，劳动立法只对劳动合同的签订较为“上心”，“以双倍工资的处罚来实现签订劳动合同的目的”。而非劳动合同是否签订、合同条款如何设置，民事法律规定均由双方协商确定，且不签合同也没有处罚规定。民事立法遵循意思自治原则，前提要求是双方实力相当，但遗憾的是，当前网约工法律意识淡薄，受教育程序普遍偏低，他们并不具备合同协商实力，在合同签订中往往被动挨打。为扭转网约工任人宰割现状，增强网约工防风险能力，本书认为我国政府不应袖手旁观，有必要积极介入合同签订环节。虽然在劳动用工方面，不一定强求平台与网约工一律签订劳动合同,但也不能一味纵容平台为所欲为,政府应强化劳动合同管理,防止灵活用工无序蔓延。从源头管起,政府应规定行业工会与平台进行集体协商,订立行业集体合同,“一方面应能通过较为明确的书面合同条款,确定双方的权利义务,避免因约定不明而引发的纠纷和权利受到侵害,另一方面应注意合同条款中报酬条款,比如报酬支付的数量、时间、方式等;以及工作时间条款,意外伤害条款,责任条款等”(沈剑峰)。集体合同应制成“统一劳动合同、劳务协议模板”(朱晓进),并在网约工中进行推广使用。对集体合同中的强制性条款,平台应予遵守和执行。对非强制性条款,平台可根据实际情况进行增删修改。在实践中,还应提高网约工书面合同签订率,在签订合同前,网约工应明确合同类型和用工方式,尽可能签订劳动合同,建立劳动关系。即便签订劳务协议,网约工也应弄清合同条款内容,对双方的权利义务有全面的认识。

(三)明确最低工资与劳动定额标准

1. 最低工资标准

工资是劳动者维持生计、养家糊口的基本保障。对典型劳动关系用工,我国《劳动法》明确规定应实行最低工资保障制度,即用人单位支付劳动者的工资不得低于当地最低工资标准。依据《最低工资规定》规定,即使“实行计件工资或提成工资等工资形式的用人单位,在科学合理的劳动定额基础上,其支付劳动者的工资不得低于相应的最低工资标准”。而对非劳动关系用工,民事法律往往规定劳动者薪酬多少由双方协商确定。“法无禁止即可为”,以非劳动关系自居的平台,往往在网约工薪酬上“大做文章”,平台用工多实行无底薪、“按件计酬、多劳多得”制度。由于没有保底设计,这种薪酬制度极有可能产生一个极端现象,那就是尽管网约工拼命工作仍然达不到最低工资标准。比如,美国 Grubhub 送餐员时薪 7.5 美元,远低于最低工资标准。美国网约车司机平均工资仅为每小时 3.37 美元，仅是法定最低工资的三分之一。无底薪工作容易造成劳动者保障缺失、企业将风险转嫁给员工、员工过度疲劳三大问题。为保障网约工基本生存权，本书认为，计件单价可以综合考虑“订单的价格、最低工资、工资指导价位、劳动力市场价格”，每单报酬应结合本地最低工资与劳动力市场价格加权平均取值。各行业工会应对此展开调研，拿出切实可行的解决方案。

2. 劳动定额标准

劳动定额是衡量劳动者在生产中付出劳动量和贡献大小的尺度。劳动定额是挑战劳动者生理极限的一把尺子。在当前平台用工中，劳动定额问题主要体现在承揽订单的数额设计上。受利益驱动，企业往往趋向于减少劳动定员和增加劳动定额。当前平台设定的保底单量，往往是大部分网约工在规定时长内满负荷工作才能达到的单量。比如一些网约配送员每天派件量在 50～100 件。由于满负荷工作，一些配送员甚至“忙得脚不沾地”“累得不想说话”。很多网约工工作超时，比如配送类骑手、网约车司机等，往往从上午 10 点干到晚上 10 点，甚至更晚。一个人的体力和精力是有限的，当超过常人能承担的最大负荷时，轻则损害人身健康，重则丧失生命。比如，精神状态与交通事故密切相关，长时间的劳累必然会影响网约工，比如外卖骑手、网约配送员、网约车司机等在交通行驶中的判断能力，导致交通事故频发。另外，过度劳累也容易造成过劳猝死，比如 2019 年 5 月 17 日，俄罗斯 Yandex 公司的一名 21 岁的外卖小哥，在连续工作 10 小时后突发急性心肌梗死猝死。为防止交通事故及过劳猝死等事件发生，本书认为当前平台用工应完善劳动定额制度，因为定额制度不完善就无法科学地对职工进行考核，计算的劳动报酬也就失去了准确性，如果大部分劳动者需要靠超时劳动才能完成劳动定额，或挣得相对体面的收入，说明该劳动定额或计件单价不合理，应予以调整。

我国劳动立法规定了劳动关系下的劳动定额保护问题,但有关规定过于简略。如《劳动法》第 37 条规定,“对实行计件工作的劳动者,用人单位应当根据本法第 36 条规定的工时制度合理确定其劳动定额和计件报酬标准”;《集体合同法》第 10 条只对“劳动定额”协商程序进行了规定,至于劳动定额如何确定没有具体规定。而非劳动关系下的劳动定额问题,目前民事立法并无保护性规定。为保障网约工生命健康权,从宏观上讲,我国立法应对劳动定额及计价单价有一个标准性的规定,然后平台根据实际情况,在标准幅度内,跟工会协商确定具体的标准。工会应“限制一天任务抢单总量或在一个时间段内限制任务抢单量”。实践中一般认为,只有当 80%以上的员工都能在法定工作时间内完成的劳动定额才是合理的(李亚娟),因此,各行业工会应在实践调研基础上,对网约工工作强度进行合理评估,对接单量等进行控制和优化,明确最低工资与跑单量、工作时间、每单薪酬之间的换算公式,完善网约工绩效奖励考核制度。

五、完善工伤保险

工伤是网约工可能遭遇的最大风险,没有工伤保险,劳动者遭遇意外事故后,往往难以维权。我国现行工伤保险制度与劳动关系捆绑设计,工伤保险由用人单位缴纳,个人无法自行缴纳。依据《工伤保险条例》第 18 条规定,劳动者提出工伤认定申请时,应当提交与用人单位存在劳动关系(包括事实劳动关系)的证明材料。在平台用工“去劳动化”趋势下,多数网约工难以证明其与平台间存在劳动关系,因此,工伤维权往往难以实现。为解决网约工工伤保险难题,本书建议如下:

(一)全员覆盖

“随着经济的发展,劳动关系趋于复杂化,工伤保险的适用范围以劳动关系作为唯一的划分依据非常不合理。”[①]近年来，扩大工伤保险适用范围的呼声越来越高。我国立法虽然在逐渐松绑，但迈出的步子依然不大。2010年《工伤保险条例》修订，虽然适用对象扩大到事业单位、社会团体、律师事务所等组织的职工，但仍然将自雇劳动者、自由职业者排除在外。2019年2月，为解决7000万网约工社保难题，人力资源和社会保障部表示将再次修订《工伤保险条例》，将外卖员、网约车司机、快递员等新业态从业者纳入工伤保险制度保障当中。2021年2月6日，人力资源和社会保障部公开了对“加大外卖配送员权益保障，维护城市守护者合法权益”提案的答复，初步提出职业伤害保障模式，拟按先试行再完善的思路，稳步推进相关工作。对于工伤保险的适用范围，我国可采用“普享性原则”，将工伤保险覆盖所有劳动者，不论在劳动用工中是否存在劳动关系，相关主体都应该参加工伤保险。针对平台用工，立法可规定，凡通过网络平台提供劳动获取报酬或收益，且不在《工伤保险条例》规定参保范围内的网约工均要参保。

（二）保险设计

网约工工伤保险的设计，需要解决几个关键问题，比如具体险种如何设计，如何缴纳以及赔付比例等。对险种的选取问题，本书认为可以根据行业特色，设计不同级别的险种。比如，江苏南通、吴江、太仓等地，建立独立的职业伤害保障制度，这种模式未将网约工纳入工伤保险，而是单成体系，由商业保险公司进行运作，针对网约工所从事的行业及风险不同，设计不同的险种。比如，对于容易发生交通事故、带来社会负面影响的行业，如外卖送餐、快递物流等，可以考虑引入企业强制责任险，由平台统一为网约工购买人身意外险、第三者责任险等。其他风险较小的行业，网约工可以参保职业伤害保险。对

① 郑尚元.工伤保险法律制度研究[M].北京：北京大学出版社，2004：61-63.

于缴纳问题，张娜建议按全职、兼职进行区分，全职配送员的工伤保险可以由众包平台统一参保，兼职配送员则可以结合自身社保情况自愿参保。[①] 娄宇建议按具体的工作时间来区分，每天工作不超过 4 小时的网约工，参照非全日制用工，强制平台为网约工参加职工社会保险，由双方按法定比例负担保险费。若网约工每天工作超过 4 小时，每周 24 小时，则参照全日制用工，由平台缴纳全部工伤保险费用。戈艳霞建议平台提供社保补贴，平台与网约工间关系符合雇佣关系特征，建议实力雄厚的平台为网约工缴纳社保，平台可以给予适当的补贴，比如“平台在不降低当前每单报酬的前提下，为骑手们提供每单 30％～50％的社保补贴，再由骑手本人按照个人意愿去保险市场上购买自己需要的商业性保险”。如果平台与网约工间关系符合合作关系特征，立法可以规定合作协议的必备条款，比如规定双方在合同中约定伤害赔偿问题，如果网约工在提供服务期间受到意外伤害，平台应该承担什么样的责任，人身意外伤害险应由平台购买，还是网约工自行购买等。这些问题均应在合同中明确规定。本书认为在劳动用工关系难以认定的当前，尤其要重点保护类似“孤儿”的众包类网约工，应该提前规定工伤保险购买主体和责任主体，而不应该等出了意外伤害事故再来考虑这些问题。本书认为，如果网约工所签合同明确为劳动合同，则工伤保险理应由其用人单位购买，这里的用人单位可以是平台、劳务派遣公司或外包公司等。如果网约工所签合同为非劳动合同，无论是雇佣关系、劳务关系，还是其他关系，总之，能明确网约工没有工伤保险的情形下，平台均应统一为网约工购买职业伤害保险。有相关雇主的网约工，可与其雇主协商确定费用比例。对没有雇主的众包类网约工，涂永前、黎建飞（2016）建议保险费用可给予适当照顾，比如网约工负担 60％，政府负担 40％。考虑到网约工按件取酬，保险费用缴纳可以在每一个订单中预扣个人承担的部分，

---

① 张娜．众包配送对劳动关系的挑战与法律应对[J]．武汉交通职业学院学报，2019，21(4)：33-38.

而后每月统计一次。[①]或借鉴《吴江区灵活就业人员职业伤害保险实施细则》，职业伤害保险交由商业保险公司承办，参保人员每人每年缴纳 180 元职业伤害保险费，每年 3 月按年度一次性缴纳。参保人员因工作受到职业伤害时，在医疗机构产生的医疗费先由医疗保险按规定报销后，余额部分在职业伤害保险中按标准赔付，每一参保年度 3 万元为限。此外，为解决因兼职而产生的工伤保险纠纷问题，可建立“分享社保账户”，每一雇主按比例支付到网约工账户，网约工更换工作可随意提取。

① 娄宇. 新就业形态群体的社会保险制度设计[J]. 中国医疗保险，2020(1)：9-12.